在島嶼的角落
生起營火

準備薪柴

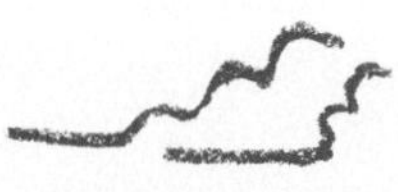

起風了

閃亮的火苗

營火的溫度

帶著火種走

準備
薪柴

交會時互放的光亮

文 蘑菇湯姆

峇里島上那條小路

十幾年前，旅行到峇里島，住在ＵＢＵＤ靠山邊的一間小旅館。房間是獨立的小屋，在山徑深處，得穿越一片樹林，往山上攀爬五分鐘。

每晚總是天黑了才想到要回房，先從大街走進小巷，鑽到巷子盡頭，然後才開始進入這段山中小路。

山路上伸手不見五指，草叢又高又深，四處蟲鳴唧唧，真叫人忐忑！

……還好貼心的旅館主人事前有所準備，在樹上釘了椰子殼，裡頭放了一小盞油燈，靠著細細微弱的搖曳燈火，我往那點光亮慢慢前進。

當接近第一盞燈光時，前方十幾公尺又隱約出現另一道微弱的光，循著這星火繼續往前，前方轉角又再出現一顆暗橘色的亮點，就這樣，靠著尋找前方的小小光明，蜿蜒穿越樹林，回到住宿的山間小屋。

你經常感覺孤獨嗎？

從小到大，你是不是常對許多事情感到好奇，卻總得不到想要的答案？天地有多遠？宇宙有多大？歲月有多老？我從哪裡來？死後往哪兒去？我在這世界上的生命理由是什麼？……沒有人給答案。

因此我常感到孤獨。

不是所有人都有這種感覺，大部分時間裡，我們可以被一些更簡單得多的問題滿足：吃過了嗎？下課啦？星期天百貨公司打折去買雙鞋子吧？

依此類推：我們出生後學習右手拿筷子上學認真讀書每晚努力做功課假日去看場喜劇片哈哈一笑出了社會好好找份穩當的工作賺錢養家生子然後教導他們用右手拿筷子……

可是總有些時候，總會忍不住去想，總想讓自己生活裡多一些什麼……而問題是：那些到底是什麼？往往也說不上來。

也許是讀幾本跟哈利波特沒關係的書，看幾部跟好萊塢不對盤的電影，或者剪個跟同學們不一樣的髮型，為了想讓自己證明自己「不太一樣」，我們需要多知道一些「不一樣」的故事。對了，這就是了，我想要多一點「不一樣」。

引用書上的說法：我要做一個「個體」，可以獨立思考獨立判斷的個體。可是問題還在，總有些時候，我們會去想一些「獨立個體」也得不到解決的問題。

「畢竟這問題不是每個人的問題吧？你得自己想辦法解決啦！」他們說。

那種感覺，就像是生活在群體間的角落，沒有人在乎你在乎的事，所以你得自己想清楚：我真的在乎嗎？對這些沒人在意的事情我幹嘛這麼關心？

有時候，我覺得自己就站在社會上的角落。

這麼說並沒有半點灰色心理也決非貶抑，只是描述這個狀態。事實上，我還蠻喜歡這個角落，這兒讓我自在些。

不過，即使在角落，我還是知道自己的生命有點價值，還是想找不一樣的事情，還是想愉快地過我不一樣的人生！

這樣想了之後，心安定許多。

因此，我選擇了不太一樣的生活方式：比較認真努力讓自己感覺「為自己活著」。

這是一條比較窄小的路，路上也清閒得多，因為前人不多，路跡有時不甚清晰，就像峇里島夜晚裡的那條山間小路。

交會時互放的光亮

徐志摩那首詩寫得真好：「我們相逢在黑夜的海上，妳有妳的我有我的方向」。

我持著一點燭火，火光閃動著，慢慢地，小心謹慎地向四周黑暗摸索，有點緊張，有點興奮，心裡不時有個聲音：回去吧！危險啊！……忽然！前方出現一點火光，我往光線的方向走去，輪廓漸漸地清楚了，是另外一個人，一個跟我同樣走在這條路上的旅人。我們點頭相視微笑，偷偷鬆了一口氣，現在兩個人並肩走在一起，周遭似乎更明亮了些。

接下來，我們慢慢發現，原來除了我們之外，還有其他人也在這條小路上前進著。每個獨立個體，每個角落的生命，都以各自的步伐行走，有的輕盈，有的沉重，有人腳步蹣跚，也有人吹著口哨跳著舞步。

我們介紹彼此，相互認識，每個人帶著不一樣的故事，但都打算實現自己不一樣的人生；方向或許不同，目標卻是一樣的。每個人都是一盞微小的燈火，這一點點微弱星火卻擁有不可思議的溫度，溫暖彼此的心，照亮彼此的路。

請和我們一起上路吧！

這本書是一段十天環台旅程的記錄與縮影，你可以當它是台灣旅行的絕佳指南，裡頭有非常多我們這些年所發現的，台灣最有趣的小店、最棒的景點、最完美的小吃與最悠閒的散步地圖。

事前聲明：書裡面沒有一〇一大樓，全民大悶鍋，沒有日月潭，沒有阿里山，沒有太魯閣，就連到了墾丁，我們也沒在墾丁大街下車。

書裡有的是一群「路上的朋友」，他們用不同的方式與腳步，開設自己的店鋪，經營自己的生活，說自己的故事。只要按照書上記載的資料，很快就可以找到這些地方，或者，你會親自遇見我們這些朋友。

我們相信，這是目前在台灣旅行所能得到最棒的，也最為不同的介紹了！

更重要的是，這本書同時也是另一種「生活旅行書」，無論是參加旅行的九位大陸朋友，是負責規劃帶隊的我們，或是一路上所介紹的人和地方，都以自己的方式追求嚮往的生活，我們正一步一步向前方走著，慢慢追求更好的環境，也期待將這樣的態度影響周遭更多的人。這是一段更漫長的旅行，目標更遠、更美，旅途也更有趣，沒有限定旅費，也不用擔心假期……

只要你願意，也看到我們的目標，隨時歡迎一起上路。

I am here 我的這幫兩岸朋友們

文 香港 歐陽應霽

當我看到傳來的照片裡，燦爛滿溢、到處揮灑流淌的陽光，看到照片裡這幫來自大陸和台灣兩岸的新朋舊友在不同風景中輕鬆自在的笑，異常興奮地喊，還有早午晚各種的奔跑、彈跳、擺盪、擁抱……眾人自身散發出的能量，尤其是結集之後的比任何東西都要厲害的不知什麼東西，把我一切的羨慕、妒忌、悔恨都一下子吸收消化掉了。我甚至不再嘀咕埋怨自己，本來我也是這幫傢伙裡的一員，我還第一時間自告奮勇答應要給大家在山野裡好好做一頓豐富飯餐。但時空偏偏就這樣挪移了一下，分身的技術還未有到位，我只能在手機裡貪婪地看大家沿途直擊報導——但其實我知道我也在，在轟轟笑聲中，在那盆蔬菜沙拉裡，在那一飲而盡酒杯邊上，有形有神，無遠弗屆——帶我去吧，朋友，寶島傲遊，你爽，我也爽。

從我們認識之初各自不斷提醒自己不要唸錯還有點生疏的對方的名字，到現在見面不需要再打招呼就來一個狠狠的擁抱。身經百戰的我們都老了，天真純潔的我們都還那麼年輕，年輕的老人幹的就是快活無比的事，比如旅行，更膽敢不是自己一個人上路。我這些從來無比剛毅自主獨立的好友們，竟然可以暫時放下一直享受的孤獨，包容開放的集體出遊，把各自的主見匯集成更大的聲音更猛的動作。也因為大家平日都是在城市中行走（走呀走得有點失焦有點亂碰亂撞），一下到了大好郊野大自然，那些長久累積下來的疲憊一掃清，眼神閃閃都是靈光。

老話有說出外靠朋友，靠的就該是這些靠譜的朋友，相互扶持，關照關愛，比任何一張拍出來的照片的景深都要深，比任何已知的色彩都要飽滿濃郁，比任何現成的構圖都要新鮮大膽，比所有吃過的小吃大餐都更無窮回味。

不必等許多許多年之後才幽幽地說：「wish you were here」，現在就肯定地說：「I am here」，無論東南西北天涯海角，我們都在。

找朋友來台灣玩吧！

文 蘑菇 湯姆

嗨……該怎麼跟你說這個故事好呢？

如果是一個童話，該從「很久很久以前……」開頭，最後以「從此後永遠過著幸福快樂的日子」作結；又如果是一段遊記，該從「時逢六月初夏，興之所至，與友人某某某相約……」切入，結尾來一段「……酒足飯飽，甚歡暢，是以為記。」這些我們國民教育都學過了的。

可是，我們這個故事不僅如此，它以奇想行銷企劃開端，而後加入了特攻隊電影的樣板情節，繼而轉向旅行攻略情報蒐集，加入一些冰冷的行政文書表格……終於進入正題——整整十天日夜絕無冷場的青春浪漫喜劇外加公路電影，但是且慢！這看似輕鬆愉悅的畫面中竟穿插了許多不可思議超越時空的非現實場景……更令人拍案的是，故事並沒有因為旅遊行程結束而作終，又在網路書信上搭建起摩天大廈，至今餘波蕩漾，偶而還在某些陰冷夜晚潮水拍岸時發出轟轟迴響……

且聽我慢慢道來，這大概得先從我們的公司「蘑菇」說起。

「蘑菇」是個很奇特的品牌，主要營業項目是設計製作帆布袋包、有機棉材質T恤、紙製品等商品，除此之外，直營店面也開設咖啡餐飲空間，舉辦各式展覽、音樂活動、生活講座、料理教室……甚至在品牌剛成立時，我們就同時開辦了自己的生活刊物《蘑菇手帖》。雖然一直都沒什麼正規經營的邏輯，多半以「我們希望如何……」「我們想怎麼做？」這種思考模式在規劃，但幾年來，我們將這個生意「玩」得很開心。既然我們都沒有做生意的經驗，也就比較沒有一般做生意的沉重包袱，我們除了將生意慢慢培養長大之外，也在廣大的華文地區得到不少注意。

二〇一一年初，為了品牌的前途與市場開拓，公司編列種種計劃，殫精思慮想在剛剛發展的大陸市場做點宣傳工作。

「該怎麼在大陸市場做宣傳呢？」「大陸市場這麼大，從哪個城市開始呢？」「去辦展覽吧！或者演講也可以……」這幾年因為發行刊物的關係，蘑菇彷彿在內地小眾文化圈內成為一種「台灣藝文生活」的象徵，也陸續接受不少對岸媒體的採訪，偶而也幫忙寫些關於台灣生活經驗的稿子。想了想能夠安排的宣傳活動後，就大致從前述類似方向規劃。

不過，如果「蘑菇」代表的是一種台灣的生活氛圍，單單只是去大陸逛一圈，辦幾場講座放些幻燈片，好像也達不到什麼實質上的宣傳效果吧？想著想著，忽然生出一個念頭：「欸！乾脆請大陸的朋友來台灣看看蘑菇，不是更有意思嗎？」

這幾年，我們也曾接受對岸邀請，參加過幾次活動，因此認識了一些對岸的年輕朋友。這些朋友跟我們有很多相似的部分，各自憑藉上天賦予的才能，努力追求自己喜愛的生活方式，可以說：我們身上有些相似的基因。

每次和他們連絡，最後總不忘寒暄道：「有機會到台灣來走走啊！」

老實說：這句話說多了，心很虛的……

隨著大陸人士來台自由行的腳步加快，我們也常常想著：如果今天朋友來了台灣，該介紹他們去哪兒玩，或者，是不是該請個假，親自帶著他們環台走走？朋友說少也不算少，如果一個個輪流來，該怎麼公平招待呢？

好！就藉用這次機會，乾脆一次把這些朋友們通通請來台灣玩吧！

蘑菇的對岸朋友們

這些朋友，多半能文擅影，原本就是現今大陸「文青」中的知名厲害角色！不過用「文青」二字形容在目前顯然是有點不合時宜的辭彙了，就跟在台灣的我們老是對被稱為「微型文創產業」這稱號感覺很彆扭差不多的意思……

Cotton 于靜

廈門

或者我們也叫她棉花同學。擅長服裝造型與攝影，非常纖細、敏感、好強。不知道為什麼總可以找到一些非常有味道的美女帥哥拍照，或者說她總能透過鏡頭把朋友們迷人浪漫的一面捕捉下來。

感覺她天生有種敏感嗅覺，懂得如何捕捉美的線索。

目前 Cotton 開設自己的服裝品牌「mymymy」，不定期在微博上發表自己的新作，也總會吸引大批粉絲欣賞購買。

Dave

廈門

扁帽、黑框圓眼鏡、一把鬍子，漫畫般的人物，是我們看過最有造型與喜感的大陸青年，第一回到廈門看到他跟女友 Cotton 出現在人群中，完全同意這對情侶活像是從日本或法國電影中走出來的角色。

在廣州長大，剛好碰到中國八〇後新世代的文化革命：拋去舊包袱、喜好潮流、追尋自我。大學時跟著老外一頭栽進了美式街頭文化這個大澡堂，開始玩滑板、學轉碟當DJ。畢業後接連替MTV、創意市集等擔任組織企劃工作。

Dave 與 Cotton 在廈門大學旁開了一間咖啡廳，名字很可愛，叫「thank you」。

楊函憬

廈門

個子瘦瘦小小，一頭及腰烏黑長髮，一付黑邊厚眼鏡，長相非常「古人」。

他總有滿腦子的新創意與文化生意經，也似乎永遠都在被人催稿以及孕育新夢想，一直不清楚他究竟作些什麼？似乎介於文化買辦、室內設計規劃、花藝設計師與某種情報工作相關……據他說一切折騰是為了實踐其夢想學，以及成為全世界最愛廈門的人。

出身貴州，聽說小時候很苦，家鄉有個很美的名字，叫雨朵。

大頭 羅域杰

廈門

人如其名，頭比別人大，頂著一頭亂髮，唇上留著一小撮鬍子，北京電影學院畢業。

對朋友極好，總擔任「後援」、「推手」、「支持」的角色。

他似乎永遠在老家山城三明、廈門、福州、北京城市到處轉悠，也不太清楚怎麼有那麼多的事情非要四處跑。

有回花了幾天時間從北京開著車下福建，一路拍照。「拍到些什麼？」我們好奇問他，「沒什麼，全是公路跟車子、樓房……」

又有次去東京玩，晃了幾天之後，看到雜誌上介紹有間家具店，很有型，可惜在大阪……「我想想，乾脆買張新幹線的票，過去看看，然後傍晚又回了東京……」

他好像一匹狼啊！

董攀

廈門

平頭、濃眉、下巴乾乾淨淨一條鬍鬚，在廈門生活的龍岩人，講話有種福建口音。

董攀跟妻子創辦品牌「nothing.cn」，設計銷售搭配自己手繪的簡筆插圖乾淨清爽的T恤、短褲等等。他同時也是攝影師、生活雜貨蒐集者、一個女兒的爸爸。

董攀是個簡單生活的實踐者，包括他的品牌、他的穿著品味以及他的思路。

剛開始認識他，會覺得這人有點接不上頭、摸不著邊，直到這次旅程，我們才發現他質樸個性中可愛單純的一面。

阿或 姜芬凝

福州

福州《家園雜誌》的視覺總監，瘦瘦的，眼線像是煙燻一般墨暈，講話有點福州腔調。

阿或是個很特別的女生，落版編輯十分要求簡練流暢，感覺是個非常敏銳的雜誌美術編輯。不過實際接觸後，卻發現她似乎是個粗線條，其他生活事務完全像個北方大漢似的。

從第一天她到了廈門機場，發現港澳出入證過期就看得出來，她腦子裡有根迴路出了點差錯：「我問旅行社這日期過了五個多月還有效嗎？她說沒問題的……」

話說回來，在連續幾十個鐘頭幾乎沒闔眼，精神緊繃到抓狂的情況下，竟然奇蹟似的在行程的第二天抵達台北……

這段驚險奇幻的經歷，在書中「遲到的阿或」文中，有很精彩的描述。

路陽

北京

路陽是我們北京合作夥伴「生活飾集」的設計主管，先前在北京見過一面，這次邀請名單上誠心希望「生活飾集」能安排一位工作同仁參與。路陽的老闆也算是個老文青，看到其他人員名單後，特地派了這位大個兒來壓壓場面。

中央美術學院的高材生，一百八十幾公分高，標準北方人長相，也是全團裡唯一的北方口音。不過見了面之後，發現他人跟長相好像湊不在一塊兒，傻楞楞的，一會兒「宏光老師，咱們今兒個下午可有點時間去誠品逛逛？」，一會兒「嘉行老師這番話指點的是，學生受教了！」「唉唷！你們看看這山、這溪流……怎麼台灣就這麼美啊……我恨啊！」

很快的，他成了這團裡的甘草人物。

Madi 朱薇

北京

六年前，我們接到廣州一個女生的來信採訪，那時候蘑菇才剛出現沒多久，第一次有大陸媒體採訪我們，感覺還蠻虛榮的！雖然是個電子雜誌，沒有紙本，不過證明蘑菇的名號已經傳到對岸去了，好開心啊！

後來才知道，當年那個叫作《After 17》的線上雜誌，就是Madi與幾個朋友的創作，那年她才二十二歲。

雖然一直無緣見面，不過每隔段時間就又會看見這個名字。這幾年她在攝影界非常活躍，在網站搜尋了一下她的相片，只見一張清秀的臉，眼神很清澈，像是要把人看穿似的。開辦自己第一份刊物六年後，她二十八歲，在北京生活與工作，已參加過二十幾檔攝影展，作品在中國、紐約、荷蘭、義大利等國家出版。

編號 223 林志鵬

北京

二〇一一年夏天，有個年輕人來蘑菇找我們，是住北京的攝影師林志鵬，網路上稱號編號223。當時我們很好奇他怎麼能有機會來台灣玩，他的回答是：「莎妹劇團正在排一齣戲，特別色情的……所以他們請我來拍點東西。」

223，自稱是個「放蕩的拍照佬」。

濃眉大眼俊俏臉孔，對蘑菇來說，他如謎一般，是另一個世界的生物。

瀏覽他的作品網站，不禁訝異對岸已有如此強烈大膽甚至挑戰社會傳統的創作者，他的作品以記錄年輕世代為主，特別是他個人多姿多采生活的描寫，如此衝撞又如此自信。

近年他也積極參與各大商業合作，日後絕對會是顆大放光明的星星。

台灣 嚮導團

為了讓九位大陸朋友玩得痛快、走得深刻，我們從四面八方徵召各界好漢組成嚮導團。我們將九位大陸朋友分為ＡＢＣ三組，每組配一個領隊，負責帶路解說，一個嚮導（兼保母），管理團員吃喝拉撒睡兼錄影拍照；另有伴遊先生與小姐，跟著一起走唱跑跳找樂子。有了這樣的黃金陣容，蘑菇變成專業旅行社的未來，指日可待！

A組領隊
湯姆

蘑菇傳奇人物之一，喜歡旅行，更愛開車，覺得台北跟台東之間的路程很近，每年至少開車來回十次。在他的帶領下，A組累積了相當驚人里程數，請待後續分曉。

B組領隊
咪咪

蘑菇傳奇人物之一，平時是執著於二釐米到二公分之間微小差距的設計師，但在旅行時變身為幫大家開拓新大陸的航海王，許多意想不到的私房景點：布行、刷子店、農具五金行……在咪咪的帶領下總能挖到許多寶藏。

C組領隊
宏光

蘑菇總管，外型看起來像江湖中人，但其實誠懇溫暖又有耐心。最近偶爾會在媒體報導上看見他一家四口在家裡共進豐盛早餐的溫馨時光。這趟旅程中，他也懷著為親愛的家人準備早餐的心，帶大家用最自然誠懇的方式認識台灣。

行程
企劃總管
棋子

因為手帖No.6《小碎花的愛情》徵文活動，蘑菇認識了棋子和叮咚這對伴侶，幾年下來，大家成為一起加油打氣的好朋友。棋子臉上總帶著笑容，平時是書籍企劃編輯，這次不只編書，更為大家編出一個超級夢幻且充滿愛的旅程。

伴遊小姐
小二

蘑菇台北店店長，廚房掌門人，旅途中的菜單食譜交給她開就對了！

嚮導
叮咚

知名 lomographer，最愛的就是攝影和太太。認真實踐「別想太多，拍就對了」、「別想太多，去玩就對了」的遊戲規則。交遊廣闊，在台灣本島最南點都還能帶著大家去找隱藏在海角天涯的朋友。

伴遊先生
微笑大叔

本名弘煒，蘑菇手帖、店鋪的音樂負責人，永遠不老的少年。

嚮導
憲嘉

曾經白天在幼稚園帶小孩幫小孩拍照，晚上在蘑菇煮咖啡、或是跑遍大江南北做自己喜歡的事；現在是蘑菇台南店店長。溫柔、細心又帥氣，女子旅行團嚮導的不二人選。

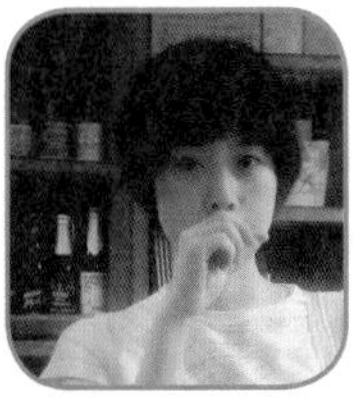

伴遊小姐
紓筠

蘑菇成員，用觀察者的角度、懷著滿滿好奇心，跟大家一起遊歷。

嚮導
Evan

自由攝影人兼奶爸，每天晚上都要陪著剛學會拿筆的女兒，在睡前畫畫。喜歡默默地拍照，躲在相機的另一頭窺看這個世界，但該說話時，還是會說一點話。

妳/你好：
蘑菇想邀請你來台灣玩

妳／你好：

我是台灣蘑菇的張嘉行。蘑菇想邀請你來台灣玩。

事情是這樣的：面對大陸旅客台灣自由行這個重大突破，台灣這方面正摩拳擦掌，希望能好好作些相關準備，因此我們今年有個出版計畫，希望找一群大陸的朋友，來跟我們一起看台灣，然後將此次旅行過程出版，希望能為來台自助行的客人提供更多的台灣旅遊提案。

我們目前預估十月初成行，十天時間，大致上的安排是台北五天，台中、花蓮、台南兩天、台東兩天，如此環台一圈。台北行程多半由各自計畫安排，當然如有需要我們很願意當地陪啦！

其他城市，由我們開車帶著大家一同出遊。蘑菇提供全程交通住宿等相關費用。我們提出一份九人名單，多半是我們認識，大家也彼此認識的朋友。

名單上有廈門的 Cotton、Dave、董攀、楊函憬、大頭，福州的阿或，北京的路陽、編號 223、Madi。我們的要求是：參加的朋友能無償提供相關稿件、文字或圖片等等，比如說每人至少 1500 字以及高質量照片二十張之類的（相關細節我們還未確定，不過絕對在大家能力範圍內能辦到）。

目前還沒有切確的出版計畫，原則上會在台灣與大陸地區尋求出版單位合作。我們誠摯邀請大家一起來台灣玩，希望這個計畫能獲得各位的支持與參與！如果有意願，請回覆給我，我們將盡快進行申請手續。如有任何問題，請別客氣跟我說一聲！

謝謝大家！一起出去玩吧！

蘑菇　湯姆

hihi，張嘉行，
我是madi，这样的安排实在是太开心了！当然非常乐意！只是想知道具体的出行时间什么时候可以定下来，我这方面的话，如果是10月1-10号，是最好的，因为月中可能会有其他工作安排。当然还是先听你们的计划。
还有可否多邀请一个人？比如费用方面我们也可以自己来负担，只是邀请方面不知道可否帮忙。只是先问一问，任何不方便都请直说。
还是非常感谢！

～madi

Hi 張嘉行
你好啊,很开心收到你的邮件和邀请～～真的是非常好的一件事！
我当然十分乐意参与你们。
不过我有一个小小的问题，就是不知道你们这次行程具体定在什么时间，因为9月24日－10月11日我会去英国旅行，之后的时间是没有问题的。如果你们恰好安排在这个时间段，那我可能只好放弃了，或者晚到几天（我的英国签证还在申请中，如果不幸被拒签，那么我的时间就完全自由了～～）多谢你哦！

～223

dear tom:
非常荣幸，说了很多次去台湾，总是未成行，这次真好，好景，好友，好时光啊！如能提前确定时间，我这面应该没有问题，得大大地脱离厦门一次了，哈。另因我不是厦门户籍，属贵州籍，所以得通过台湾相关机构的邀请才能办理相关证件，估计手续会麻烦些。谢谢了，这可真是个好消息哈

～函憬

嘉行
謝謝邀請，九人里大多是認識的朋友，會是很有趣的台灣行，：），
一千五百字，對我來說好難，多給你們幾張圖片吧。
等待你進一步的消息。
祝好

～pan

；）
yeeee~~
两位老板都是好人！我去打包行李...

～路阳

嘉行
今天开杂志选题会的时候我跟家园的主编和同事说了台湾之行，没有问题，大家均表示了各种的羡慕和嫉妒。主编说先去打个头炮，为以后杂志要做的台湾专题探探路。我们从去年就一直想做一个台湾专题，当时想的形式是“我的岛”，就是找我们心目中十个左右理想的人选来推荐他心目中的台湾最好之处。这个和我的台湾之行没太大的冲突。明天我先去拍照，再把身份证复印件寄出。

～阿或

哇，好开心呀。
我们尽快整理好背景资料，需要个人照片吗？
資料上我们也想一下，激动地不行啦。

～cotton

太无敌了～～～～～～～～～～～～～～～～我要爆了，哇哈哈哈哈
哈哈哈哈！

～Dave SiTu

貼心小叮嚀

各位大家好：

下週就要出發啦！心情調整好了嗎？

最近這兩星期，台灣全島的天氣都偏陰雨，請攜帶雨傘，溫度差不多 23 度上下，早晚比較涼，準備長袖薄衫即可。因為要在台東山上待三個晚上，請準備個人浴巾。

除了台東睡大通鋪之外，其他時間住宿條件都很不錯，我們獲得朋友贊助豪華套房。在台北的時間，可以購買悠遊卡新台幣 500 元 ，其中 100 元是押金（目前人民幣換算新台幣約 1:5），方便搭乘公共交通工具，用完還可儲值，離開台灣時可以退費 80 元，也可用於超商購物。

如果需要手機上網，可以在 7-11 超商購買日租型無線上網卡，二十四小時 50 元，可以憑卡上帳號密碼在全省 7-11 超商上網，台灣的 7-11 幾乎遍布大街小巷。如果想要買膠片，我們星期二有時間去相機街逛逛，ASA200 的膠片台幣 70 元，似乎比廈門便宜，而且有好幾種牌子可以選擇。

還有，如果想要在台灣沖片（負片一捲沖洗掃描 100 元），聽說有不少大陸攝影師郵寄到台灣來沖洗，似乎也是不錯的選擇。

一包外國煙要價 80 元，台灣長壽煙 40～50 元，台灣啤酒一罐 28～32 元，金門高粱 580 元，台灣普遍接受 VISA、MASTER 信用卡，比較大的機構如百貨公司也可使用銀聯卡 。

最推薦的五十嵐珍珠奶茶中杯 30 大杯 45，路邊小吃一餐約 80 到 200，各式外文雜誌非常多，請準備破產。

目前正在規劃書的內容，到時會分派作業給大家，每個人都需要提供文字與攝影插圖等等活動記錄……請各位同學摩拳擦掌為國爭光。

去台東的路程很長，可以準備一些你們喜歡的音樂，大家在車上交流交流。歐陽夫婦工作行程變卦，不克共襄盛舉，可惜！就讓我們自己喝酒烤肉海鮮 BBQ 取代吧！

同遊痛快

蘑菇 湯姆

起風了

台灣

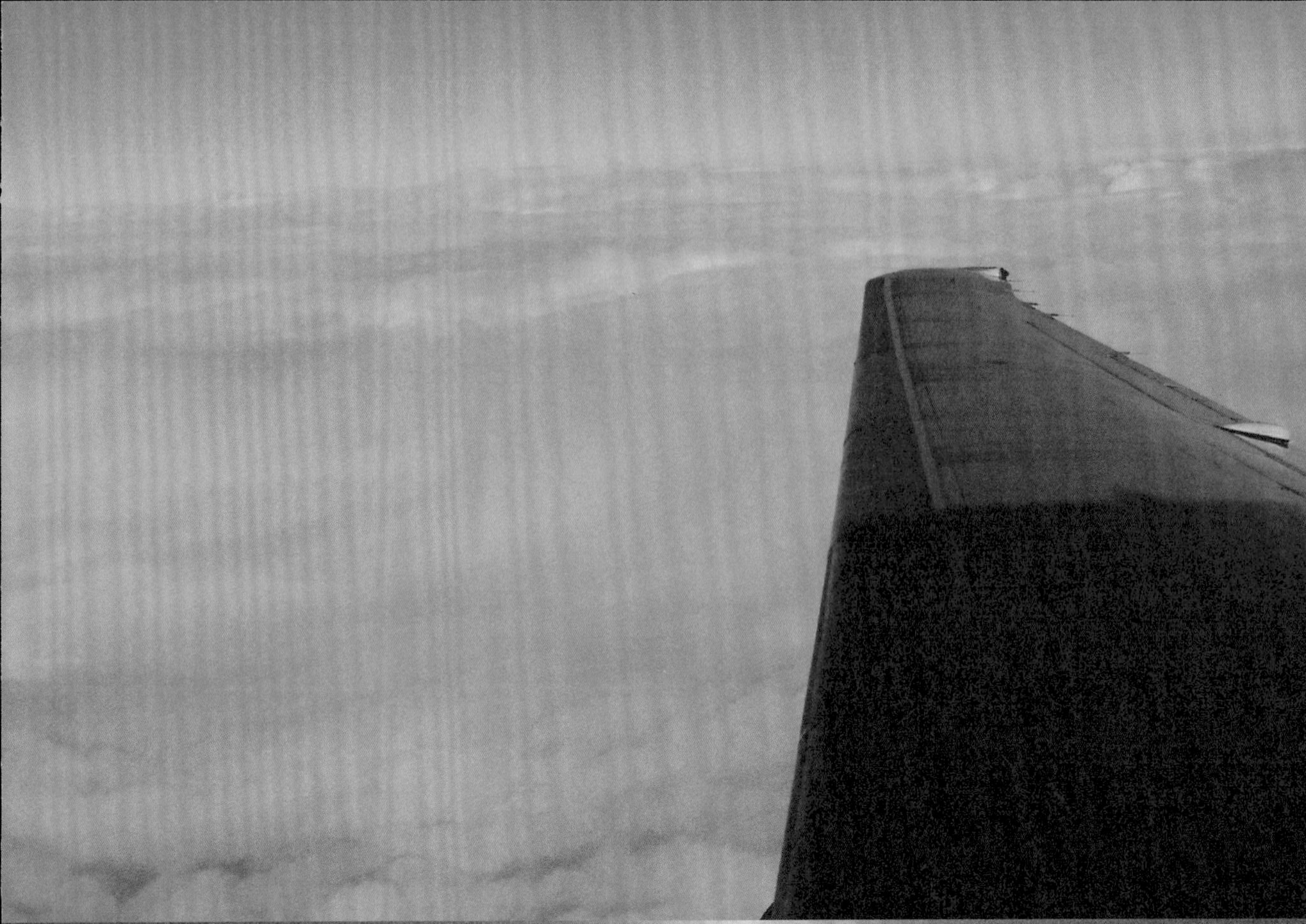
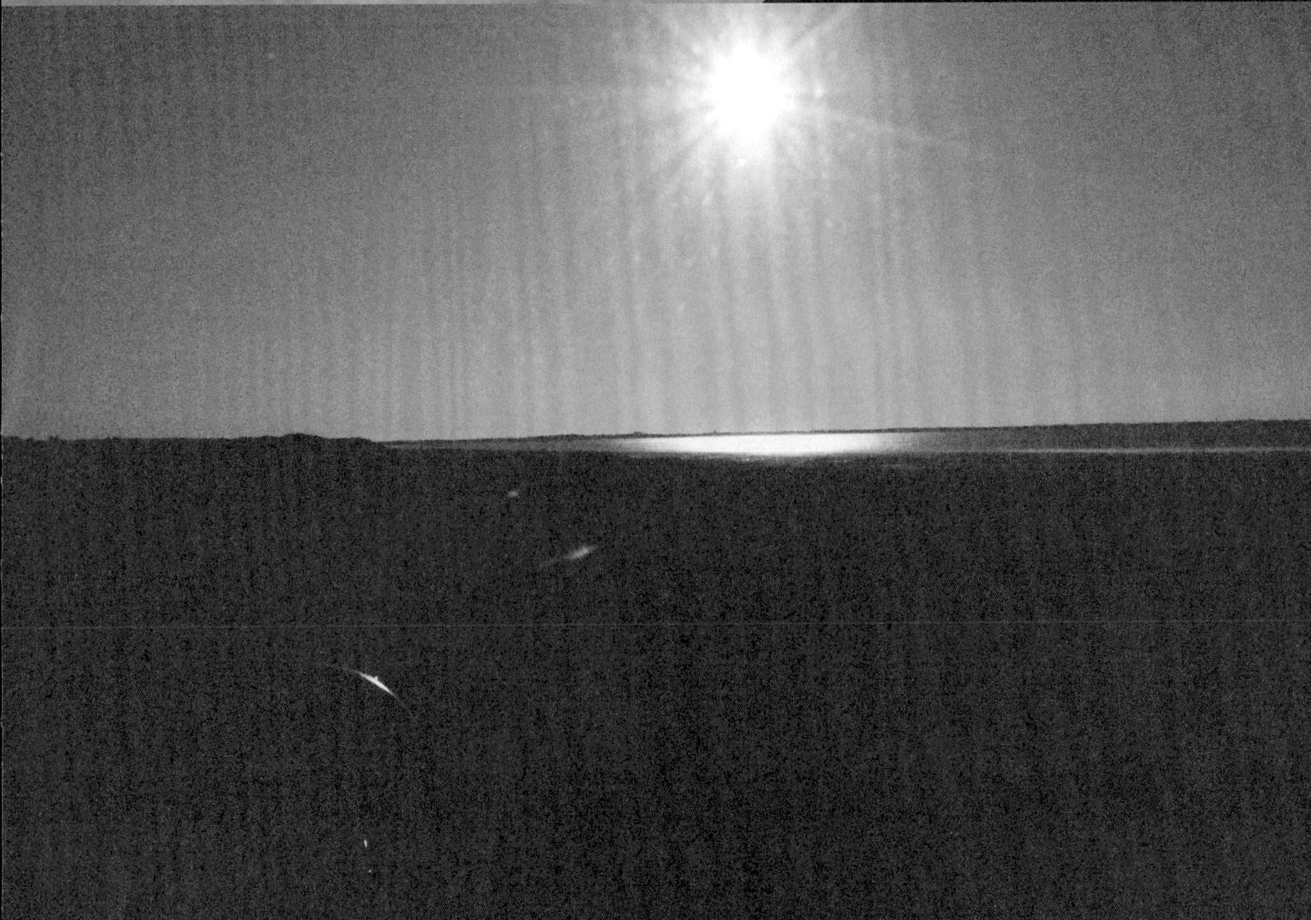

3B
盥洗室
Restroom

兩岸服務一條龍
0800-024-550
手推車

tour leader's note 1

接機

十一月二十一日　星期一　晴

終於結束連續幾週的雨，光線出奇的好，棋子說這是個好兆頭，我看著也是。

出發前往桃園接機，一路遇上兩起車禍，交通異常壅塞。抵第一航廈，竟在改建中，路線撲朔迷離，剛至接機通關口，文青團眾人剛好出現，果然好兆頭。

一行人整天都忙著辦理登機檢查下機領行李再出境香港重新辦理登機出境檢查……大家都有點吃不消了，難道這是趟艱難的外太空旅行嗎？

我們這兒派了三輛車，往後這十天，每車領隊駕駛一員、嚮導（也負責照相記錄）一員，加上大陸文青三個，即將展開命運未知的旅程……

眾人一路難掩興奮，至大安公園邊旅店入住。旅店外型整

潔，線條看似設計時尚，不過進駐之後才發現內部不如預期，很醜的大圖輸出牆面。

時值華燈初上，散步穿越森林公園，走金華街轉永康，到頂有名氣的冰店吃水果冰，店主前幾年將店轉手他人，店名改為「永康15」，用書法直寫，看著像「永康心」。

先冰後飯，至「東門餃子館」，滿滿兩桌菜與啤酒，賓主盡歡，結帳時老闆娘好奇詢問這批人客作什麼行業？如此有型？

飯後拐道「學校咖啡」，大鬍子 Dave 擔心女友棉花頭疼，與 Madi 先送飯去旅館。

223 約人相見，我們九點辭別，載大頭、函憬、路陽去「誠品信義店」，訝異四人體力耐力。

蘑菇　湯姆　筆記

Buckle Up or Pay Up

台北

tour leader's note 2

蘑菇相見歡

十一月二十二日　星期二　晴

天氣持續大好，早上去旅店與大家碰面，旅館門前有家「美而美早餐店」，很台北風情的早晨，三明治蛋餅奶茶，大家吃得津津有味。223 問我台灣早餐店打烊了之後店面作什麼用，我想想：「好像……就休息了吧？」「真的？中餐晚餐都沒營業嗎？」「啊就是早餐店啊？為什麼要賣別的？」223 慢慢吃著蛋餅，沒說什麼。

三輛車出發至「信義公民會館」拍照，信義公民會館前身是「四四南村」，早期的兵工廠眷舍，後來都市更新過程中，廣大的兵工廠區成了時髦的商業中心，保留幾間老平房作個見證。《好，丘》複合餐飲生活空間，於二〇一一年進駐其中一間平房，販售台灣各地特色商品，也販售特色餐飲，假日時在店前中央廣場舉辦「簡單市集」，提供有機農產品、手作創意商品攤位，也經常有些音樂表演跟展覽。今天時間還早，《好，丘》還未開，大家只能乾瞪眼憑弔，一旁的草堤是眺望一〇一大樓的好景點。

早上十點半到蘑菇，讓大陸的朋友與我們團隊的夥伴見個面，兩岸朋友的第一次碰面，情緒很高昂，一陣亂哄哄，大夥兒你看我我看你，有點生疏又好像有點熟悉，感覺像是大學時辦的聯誼活動一樣。

我們帶著大家參觀蘑菇這棟老房子，介紹平常的工作內容。讓他們知道我們也是一群不安份守己的頑童，經常在設計案產品開發之外做些讓自己忙翻天又開心得不得了的雜事……陽光很好，自我介紹完畢之後，我們為大家說明這趟旅行的目的與行程安排，以及旅程中各人擔任的角色與該作的事項，玩得痛快之餘也期望能留下些記錄等等等等……沒問題，大家都很懂得將玩樂與工作混為一談。

蘑菇　湯姆　筆記

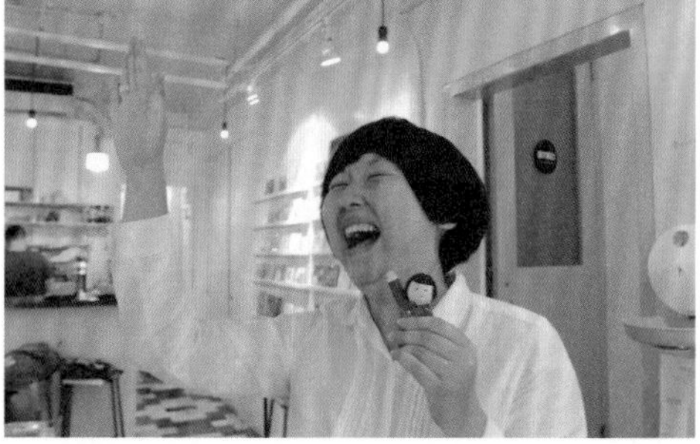

出版企劃棋子與天津來的「泥人張」人偶合影

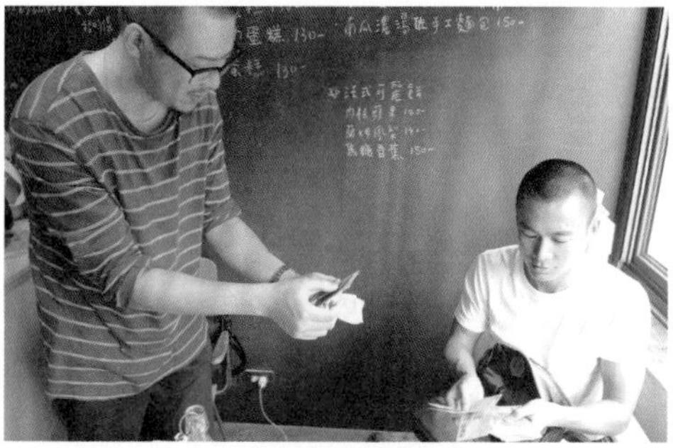

223 幫忙墊付機票，我們將機票錢付給他，於是當場他成了萬元戶，立馬在蘑菇咖啡開設了金融兌換中心。

遲到的阿或

文 福州 阿或

台灣之行後我有了個新綽號叫「單細胞生物」，也就是一根筋。獲此殊榮的主要原因是我在出發去台灣時，在登機前一刻發現：我的港澳通行證過期了！

那短短換登機牌的幾分鐘內，我腦門上方各種成語環繞：「五雷轟頂、樂極生悲、眼前一黑、百密一疏……」，接過我那被判了死刑的過期港澳通行證，我看到自己一吋大小的照片笑得分明比哭還難看。只是證件雖被判了死刑，我卻還有一線生機，全因工作人員告訴我：「妳若牛逼一天之內把通行證生出來，妳可以明天再走。」

當我提著行李拔足狂奔而去時，我親愛的同行老友們在背後喊道：「放心吧，沒事的，我們在台灣等妳。」

好的開頭是我趕上了最早一班回福州的動車。七點四十五分，我坐在和諧號動車上把所有印象中有權有勢的朋友吵醒，連一個當小學老師的朋友都沒放過。對話基本如下：

「妳這麼早？」

「你有認識出入境的人嗎？」

「沒有。」

「拜拜。」

在瘋狂地打了十幾個電話後，一位報社同事如天使般傳來福音：「帶上妳的身分證直接往出入境找李科長。」

「身分證？！非要身分證嗎？我的身分證寄去三明辦入台證還沒寄回」

「一定要，對方一再強調，帶上身分證。」

「好吧，我想辦法，謝啦。」

我馬上致電大頭：「我身分證快件的單號，你幫我問一下。」

拿到單號後我又打給順豐快遞，對方告知快件已達福州，正在派件中。我給公司前台打電話交代她一旦快件到達馬上電話通知我。

九點三十，我下了動車直接打車前往出入境想先認識認識李科長。剛到出入境大門口，前台來電告知身分證送達，我又轉身打了車往報社。二十分鐘後看到同事兩手空空一臉愁苦地等在路邊。

「我的身分證呢？」

「對不起阿或，那個快件是到付，我回裡面取錢出來他就不見了。」

「不見，怎麼會不見？這他媽的什麼情況啊，我不是罵妳，我有點急，這樣吧，我先回出入境那邊，妳這邊有消息通知我，麻煩妳啦。」

我連車都沒下直接又往出入境奔去，在車上我幾近崩潰，掏出手機打電話到順豐快遞公司要投遞員電話，投遞員電話一直忙線到下車。剛到出入境我的腳還沒邁進大門電話響起：「阿或妳的身分證又送回來了，快遞員趕時間趁我回頭拿錢時先去派了樓上快件。」

「妳在剛才地方等我，我馬上打車過來。」

拿到身分證時，我連親了它四五口，懷揣著它膽子立馬壯了，雄赳赳氣昂昂去找親愛的李科長。

李科長臭著一張臉端坐在服務台後，一聽到我是某某的同事，一秒鐘內笑成一朵花。
他說：「這個證要辦出來沒那麼快啊，妳也知道平時辦理這個證要十五天，加急也得一星期啊……沒那麼快啊……」
我的心一沉，一路被強壓下去的絕望情緒差點如山洪暴發。
接著李科長慢條斯理地說：「最快也得到下午才能給妳。」
李科長啊～李科長，你知不知道說話太慢會出人命的，我要是性子再急點剛才已經以頭戧地了。

出了出入境我趕到動車站訂了最晚去廈門的車票，接著跑到公司上網預訂昨天入住的酒店，打電話改簽機票，又跑去銀行兌換了部分台幣。從銀行出來剛好四點，去領了新的通行證，反覆看了不下十遍日期。這整個一天如阿或版的「蘿拉快跑」，並且讓我得了嚴重強迫症，每半小時就要開包檢查一次證件。

接下來的後半段，我把前一天的生活又一模一樣地過了一遍，坐同一趟動車去廈門，入住同一個酒店，在同一家麥當勞吃了同樣的宵夜，第二天六點半趕去機場遞證件，這次我順利過關，只是當我把那截止日期到二〇一三年的嶄新通行證遞過去時，沒來由地一陣慌亂和心虛。

最後要跟楊函慓說一聲：「我不該在登機前一刻大肆嘲笑你的超大行李箱。」任何時候都不要隨便嘲笑別人，你看報應總是來得很快！哈哈，當然這是開玩笑的。

感謝我的同行好友們，在廈門機場那黑色一分鐘你們臉上的表情比我還蒙，謝謝你們沒有對我說著諸如這樣的話：「妳怎麼搞的……這種事也能發生……妳到底在想什麼……」這一路你們不停發短信給我各種鼓勵。而我在遲一天到達台灣聽到嘉行在電話裡說第一句話：「來了就好。」一路死扛假裝內心強大樂觀的我，坐在機場大巴上因為嘉行這句話文藝情緒爆發，狠狠哭了一場，只是我沒好意思告訴大家……

台北市裡平凡的
生活情調

01 台北心事

Dear 小謝：

該怎麼和你說起這個城市呢，還是從永康街的冰店開始吧。有一瞬，我把這家店的名字看成了永康之心（實際是「永康15」），一條街或許就是一個城市的祕密心臟。在這縱橫的阡陌裡，我愛的那些店們，像果實一般，掛滿了這平行生長的枝杆。我以每天五米的速度，一點點把永康街吃進心裡。我在「學校」喝了一杯咖啡，在「mooi」對著進口的中古家具狠狠地嚥口水，在「治堂」愛著它舊的木地板勝過它的茶，在「家の形」那個全世界最mini的花店，只容得下兩三個人打轉的空間，卻幾乎把我的花店夢給裝得滿滿的。永康街啊，隨便一個街口，都有我曾夢想過的事物在等我。

台北的第二顆心，應該是藏在中山北路裡了。看見「蘑菇」小樓上的豬鼻孔標誌時，我便不想移動腳步了。我需要坐在二樓的蘑菇咖啡館裡，當一個咖啡館的觀察家，看日光散落，窗外的小公園裡人們不緊不慢地曬著太陽。當然，可能有人也這樣看著我。我走過「台灣好，店」，走過「光點」的老別墅，走過「ppaper」，走過「0416」，走過「地球樹」，走過有很多鳥屋的小街，走過很多人排隊的咖啡館……在中山北路的這個圓裡，大概可以一直這樣走下去，理想生活的風景，也如四季般流轉。

~ 廈門　函憬

02

台北好味道

台北的前三日，從到酒店放下行李，在「永康15」吃了第一口芒果冰開始，台灣好品味就蔓延了往後的旅程。於是陸續地，雞蛋餅奶茶早餐、蘑菇餐廳的日式馬鈴薯燉豬肉、永樂市場的土魠魚羹、「正發」青草茶、「詹記麻辣火鍋」、「50嵐」的珍珠奶茶、西門町的「阿宗麵線」、士林夜市的藥燉排骨、林森北路的虱目魚丸湯……味覺享盡了在北方生活裡未曾有的好待遇，且每樣食物口味，各有美妙，無法統類，我於是只好把他們統統叫做台灣好味道。

~ 北京　編號223

03

深夜食肆

半夜走在台北的小巷子裡，感覺實在太棒。巷子外面是城市裡的車水馬龍，巷子裡面是夜未眠的安靜台北。這樣的反差構成台北獨特的味道。二十四小時營業的有家叫「my home」的便利商店，找不到回去的路時，它大大的招牌總在指引方向，走進去買杯喝的，放心地繼續晃蕩。賣鹽酥雞的阿婆半夜兩點收攤，每次去買總會跟你聊上幾句，她說：「福建這個地方好啊，我有很多親人在那邊。」聽到這樣的話總是很開心。這個地方，不論是擺攤的小販還是開計程車的司機，聽到你異鄉的口音，都願意跟你聊上一聊。

～福州　阿彧

04 文化的守護地

蘑菇們漸漸了解我們的古怪喜好，穿街走巷帶我們找賣老日用品的鋪子，只會講台語的老伯伯開著的刀具店，中年夫妻駐守的刷子鋪，都是親手打造可以訂製的手藝店，男主人篤定地告訴你每一件都是他做的，那是一種讓人無法忘記的表情。這不過是藏在老騎樓下的另一間鋪子，和永樂布市外大排檔裡的青草茶鋪一樣，老櫃子和舊字體一點也不賣弄，只不過一直待在那裡。

我開始細緻地聆聽台灣人說話的方式，那些遣詞造句讓我重新整理腦中的中文系統，把那些亂糟糟的流行語剔除出去，我想起有一次閱讀朱天文精緻詞句的強烈體驗，開始明白了民歌運動的意義，在一個閱讀譯文比中國文學更多的年代，中文在這裡仍然優美。我開始相信，如果還有中華文化存在，也許只能是在台灣了吧！

~ 北京 Madi

中心 Customer Service Center
Customer Information
Membership Service
大人の科学マガジン
テオ・ヤンセンのミニビースト
Table Design

05

停車場

台灣朋友，特別是路上遇見的尋常人，平和的態度，讓我羨慕。雖然僅有幾天時間，但他們真誠的禮貌，讓我很感動，瞬間覺得，我們原本就應該這樣。剛到時，朋友接機，一路回到住所，沒有細細接觸，只是可以很明顯感覺到那裡的次序。之後的一天一天，傳統水餃小吃店老闆的熱情待客；擁擠馬路上我和老奶奶不小心擦肩，奶奶先於我說出的對不起；發燒級專門腳踏車行店員，為我們幾位不像要買車人的耐心介紹；公路上開車人和騎腳踏車人互相遵守的規則；街邊很容易尋到的舊衣回收櫃……都是用文字描述來再尋常不過，但卻是我很喜歡的一種生活氛圍，一種城市間該有的次序，一份人與人相待的基點。在那個面朝太平洋的小島上，那是滿滿的，自然流出。我每到一處，最愛做的事情，就是到處走走，細細地呼吸，慢慢地看周圍。我尤其留意到在台北的小街巷中、樓與樓之間的小停車場。台北的地下停車場很舒服，一般不大，很乾淨，用綠色白色和橙紅色標誌路面、通道與方向車位。還設置了專門的行人走道樓梯，這是很重要的安全考慮，走道拐角有衛生間，而且一定會有紙巾供使用，這很了不起！說回地面上，那些充分利用閒置空地安排的小小停車場，有些甚至是不規則的地形，車輛進出，都限制了車頭的朝向。這些設置，在一定條件下做到了以人為本，也給按規則停車提供了客觀要素，從此處看到他們城市規劃的用心。台灣陪我遊走的朋友，總是會在我們下車後尋找停車場地，當然也常常花許多時間，

據說是台灣違規罰款的力度很大。看
到這些我就會想，為什麼我們很難能
學習很難能做到？在看似平凡的城市
建設中，或許感覺不到在建設，但許
多細節都已經很完善好用，在我看來
這才是最重要的。

～廈門 董攀

行人優先
Pedestrians Have Right of Way

50
40
351-EU

PSGB
WWW.PSGB.TW
www PSGB TW
psgb
鴻爐發
蜜汁燒烤
10元 起
Miss Lily

湯
60

台北，你好

文　廈門 Cotton

生活在距離台灣最近的廈門十多年，語言、氣候甚至每日看的電視都和對岸相同，一直覺得自己很重要的十年被這座想像中的文藝島嶼影響著，我喜歡他們的音樂，他們的電影，雜誌書箱，甚至假設無數次如果我身處台灣時的畫面。而當真要踏上這座小島了，我反而冷靜下來，心想著其實只要在島上走走看看就已很滿足了。臨行前結束手頭忙碌工作，帶著驕傲的心情出發了。一下飛機，迎面站著蘑菇頭老湯姆，讓人有見到親人的踏實感，在迎面的大大陽光狠狠穿透照耀下，我們前往市區，思念了十多年的台灣，你好！

行程滿滿，我們都得起早，因為這樣能吃到美味的台灣早餐，大夥也就變得十分積極。傳統的街邊早餐店、便捷的7—11，讓人久久懷念。專門賣早餐的店在我們生活的城市已經幾乎消失了，可在台灣卻一直是人們生活最普通卻也是最重要的部分。行走數日，深感台北對傳統事物的珍惜，有專門販售剪刀的老店，還有全是各種功能各種材質的刷子鋪，更不用說那些數不盡的小吃店，如此對待日常生活物品真是叫人敬佩，這是台灣人對傳統的尊重和保留，好生羨慕。

某日下午，我們去逛永樂布市，那裡有一層全是賣布的商鋪，各種各樣的布很有次序地陳列著。再上一層是加工小車間，一家幾台車衣機器，可以在樓下買好布後上樓來訂製。附近幾條街各式輔料店林林總總分布著，其中還人性化地夾雜著地道小吃和有著好看招牌的傳統青草茶老鋪。心中不禁拿這些地方和自己幾乎每日去的布市相比，若要說兩者間最大不同，應該就是多了份真實人情味。

早起除了吃以外，我喜歡自己到住處樓下走走，呼吸清晨台北的空氣，忠孝東路那一帶的樓都不太高，一樓的店家或住戶都會在門前種許多植物，因為台灣比較潮濕，那些蕨類植物都長得十分明媚妖嬈（回來查後才知道，原來台灣是世界蕨類物種密度最高的地區之一），心中難免有種喜歡到嫉妒之感，台北人也太幸福了吧，那麼多美好事物已然如此生活化地存在著，自然而然。我喜歡這樣不華麗卻有好品質生活的城市，人人都有著與生俱來的責任感。

中山商圈

台北中山捷運站附近有幾家大型百貨公司，又有當代藝術館和台北光點等歷史老建築新藝文單位，所以造就這一帶時髦又懷舊的藝術氣氛。許多咖啡廳餐廳、美容沙龍、個性小店都在這區巷弄中，等著人們來尋寶；同時這兒也是蘑菇每天生活工作的地方喔！

沿著南京西路走十五分鐘左右，可以到永樂布市逛逛，那兒也是有名的歷史老街、迪化南北貨市場，在此可以看到許多台北目前最古早也最有趣的店家。

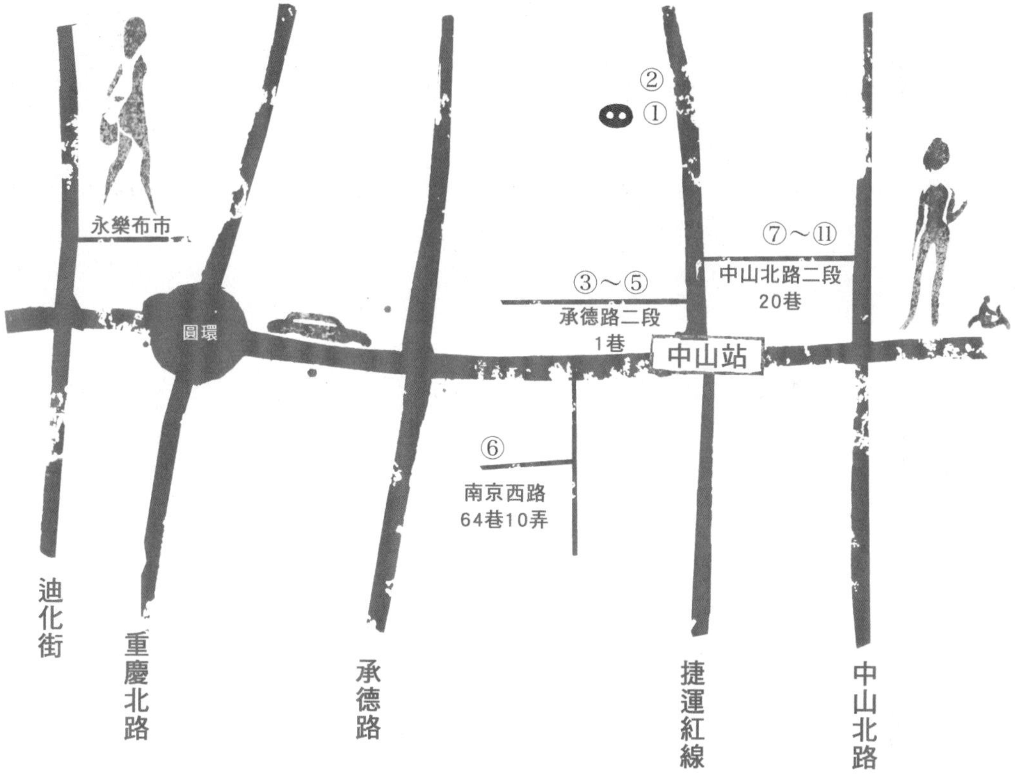

① **蘑菇中山店** 台北市南京西路 25 巷 18 之 1 號，02-25525552 ②**台灣好，店** 台北市南京西路 25 巷 18 之 2 號，02-25582616 ③ **日子咖啡** 台北市赤峰街 17 巷 8 號，02-25596669 ④ **小器—生活道具** 台北市赤峰街 17 巷 7 號，02-25596852 ⑤ **爆炸毛頭與油炸朱利** 台北市承德路二段 1 巷 27 號，02-25525931 ⑥ **61 NOTE SHOP & TEA** 台北市南京西路 64 巷 10 弄 6 號，02-25505950 ⑦ **0416 x 1024 中山店 LIFE SHOP** 台北市中山北路二段 20 巷 18 號，02-2521-4867 ⑧ **玩銀工房** 台北市中山北路二段 20 巷 10-1 號 2 樓，02-25319866 ⑨ **地球樹中山 2 號店** 台北市中山北路二段 20 巷 8 號，02-25672559 ⑩ **ppaper café** 台北市中山北路二段 20 巷 1-1 號 2F，02-25212608 ⑪ **台北之家。光點台北** 台北市中山北路二段 18 號，02-25117786

元
元
40
元
杯
30
元
杯
20
元
元
小
杯
20
元

GGI·212

P.O.L
style
is
COMING!!
2011.11.26 SAT
at UNDERWORLD
BOUNCEGIRLZ
DiSCOATTACK
SWINGCHILD
Numbers
UNDERU
anniversary

P 月租
STREETWEAR
藥局
TSL

轉悠西門町

文　蘑菇　湯姆

「這次來台灣，有什麼特別想找的東西嗎？」

「欸，如果剛好經過，我想去滑板店瞧瞧！找 board 勒！」

Dave 個頭不大，聲音很低沉，像是從變音器傳出來的超磁性嗓音，與他電力十足的開朗個性形成強烈對比。

他在廣州長大，成長背景深受美國街頭文化影響，喜歡玩板、靈魂音樂，在廈門主持一間ＰＵＢ跟朋友組了個團，叫「肆拾肆」。平時就是玩音樂、玩板、穿著寬大的帽Ｔ與鬆垮的褲子，我想像著廈門街頭這批「美國佬」橫行的景象。

這天原本計劃去關渡騎腳踏車，不過一早就下起雨來，看來雨勢還不小，我跟嚮導叮咚商量了一下，決定更改行程，到西門町去逛逛。

知道這群朋友喜歡搜舊貨，往峨眉街巷子走去，那兒有條美國巷，裡頭有不少潮男二手服飾，不過到了這些店，大夥擠進店裡東張西望，好像也沒什麼收穫；這批大陸朋友各個有型有款，挑選東西都有自己獨到的眼光，一直很想知道這一路上他們會選擇什麼樣的貨色帶回去？

出了二手店，Dave 忽然像是頭上某根天線感應到了什麼訊息，快步沿著塗鴉牆向前走，一個轉身消失在巷口，過了十秒，全身發光的 Dave 堆著大大的笑容跑回來招呼我們：「哇！我找到了！」原來巷子裡有家滑板店，印象裡似乎已經很久了，我卻一直沒注意到。

Dave 像是自家人一般帶著我們走進滑板店，三十秒內把有點酷的老闆娘和滑板同好店員搞得笑容燦爛，對所有的零件細節似乎瞭若指掌，五分鐘內店員將倉庫僅存的稀有行貨取出，又花了十分鐘討論細節，握手完成交易；我相信老闆跟我們一定都覺得：這真是美好的一天！

2375-9828
昆明街96巷5號3F
RANA
拉納
印度民俗風
2F
新豐乾洗

西門町

西門町一直都是青少年的聚集地，街道都充斥著次文化特色：潮服、刺青、塗鴉、滑板、街舞與各式各樣的街頭藝術表演，這兒像是台北的另一個國度，有自己的文化和生活方式……或許，你也可以在東京、大阪、曼谷、倫敦、紐約……這些城市中發現這復古又新潮的國度。

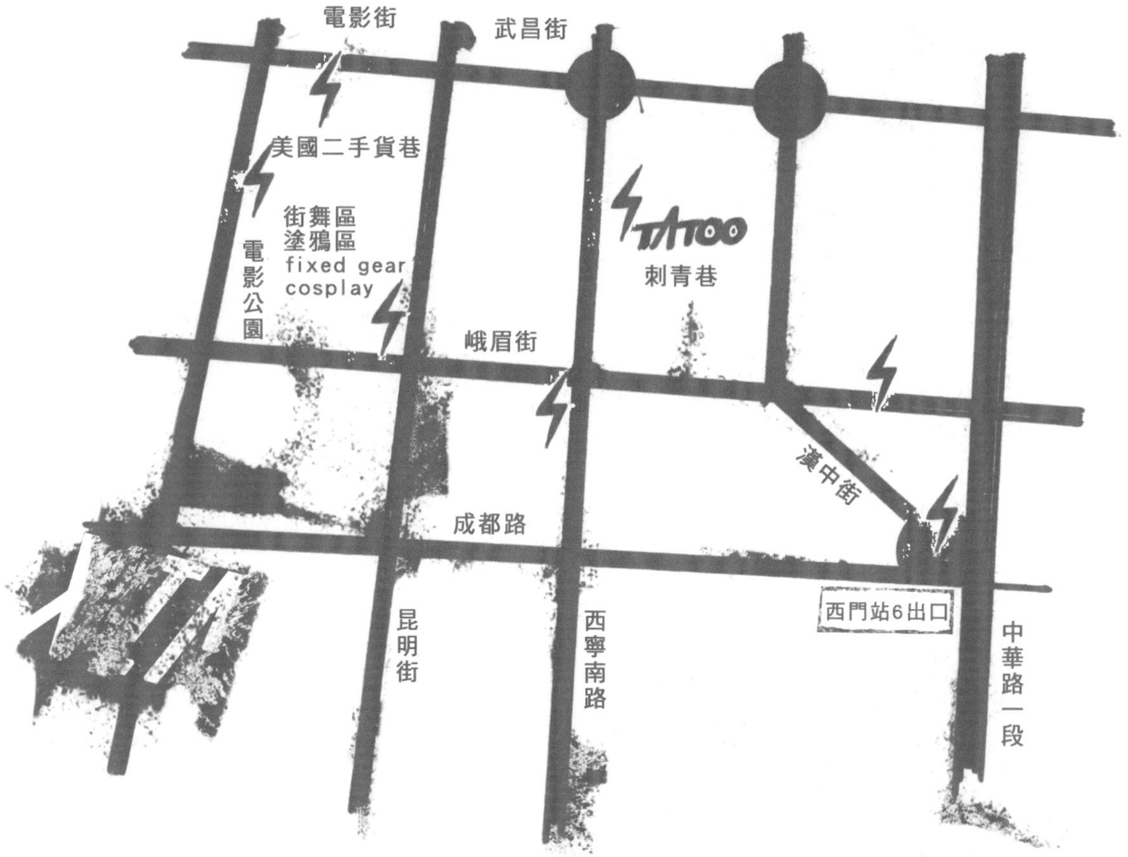

好樣

文圖 廈門 Cotton

走進忠孝東路的巷子，穿過粉紅色大眾中古車與像綠色玄關一樣的小花園後，就到了「好樣餐廳」。少女組開始享用這很法式又極富日式美學的好樣世界，一切都太美好。

餐廳完全是開放式的廚房，客人可以看到廚師認真地做著好吃食物時的表情，這樣可能會讓等待食物上桌的時間變得有趣了許多吧。

在餐廳中間放著搶眼的桃紅色古董冰箱，雖然我不知道它的牌子和國家，是來自法國還是義大利，但心中還是驚呼：太厲害，這樣有時代痕跡的老電器果然磁場強大。

食物上桌了，很有法國小鄉村氣質的器皿加上好看的食物本身，顯得十分可愛，也看得出用心，它們不會過於精緻華麗卻極具食物造型功力。

VVG bistro

VVG bb+b

房間裡的 home decoration 處處可見用心 ，而更叫人讚嘆的是極致講究到與入住客人貼身相處的鑰匙包也不能放過。

每間浴室當然也有完全不同的設計，但都以白色為主，合宜的中古舊木桌台，上面擺放著玻璃或是銀質的瓶子用來收納。而大小不同的白色浴巾來自日本，上等的好棉質手感讓我這個有浴巾潔癖的人完全放心用起來。

餐廳樓上的「好樣公寓」，是我們入住的地方，這裡復古又時髦。圓圓的復古冰箱，各自出現在風格不同的三間公寓裡，它好像就變成了好樣特有的 icon。

三個房間都充滿 Grace 的室內裝飾美學，我們總愛待在有一面書牆很圖書館的這個房間（忘記名字）。除了看不完的好書，也有好看到不行的歐洲電器，bauhaus 風格的燈具，工業感的椅子。

書店不僅僅賣書。這部分就十分像 Grace 的風格，我很愛的混合風。中古家具陳列著來自歐洲或日本的 vintage 生活雜貨，好看的舊工具、器皿。有故事的店就是能每天來逛一下，卻也不覺得逛夠了。

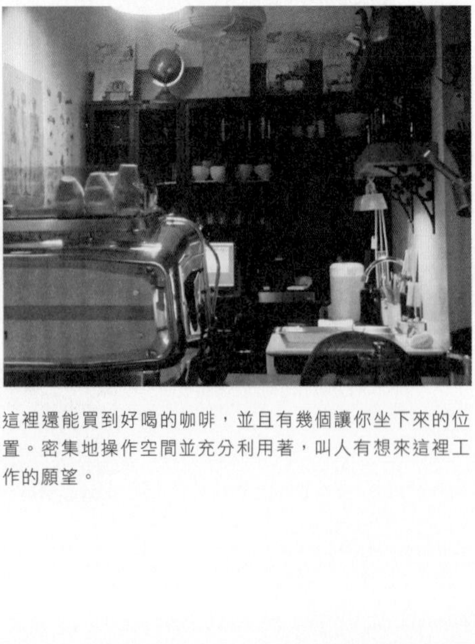

這裡還能買到好喝的咖啡，並且有幾個讓你坐下來的位置。密集地操作空間並充分利用著，叫人有想來這裡工作的願望。

住在好樣公寓的這幾天，日日都要到樓下餐廳對面的「VVG Something 好樣本事」逛一下，它門前也是一片綠色植物。

VVG something

我在門前樹上，發現一隻很逼真的動物。拍下照片時，心想這樣的台北真好。

東區好樣

台北東區忠孝東路四段 181 巷，或者你可以直接稱之為「好樣巷」。
好樣在這經營「好樣餐廳」、「好樣餐桌」兩間餐廳（還有第三間在隔壁巷內）、「好樣公寓」三間與「好樣本事」書店，可以說是台北時髦精緻生活的代表店家。
蘑菇跟好樣是長久以來的好友，當好樣老闆 Grace 聽說我們這個台灣旅行計劃，慷慨允諾將「好樣公寓」出借三晚！
這可是頂級的住宿服務喔……
跟著我們來偷窺一下，好樣的迷人風采與祕密景點吧！

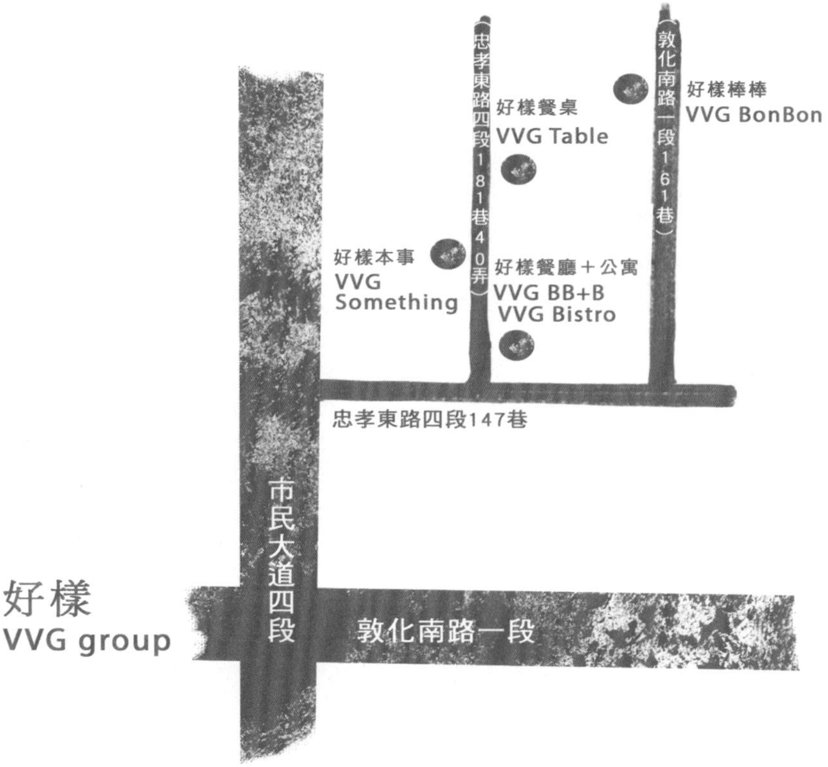

好樣餐廳 台北市忠孝東路四段 181 巷 40 弄 20 號，02-87733533 **好樣餐桌** 台北市忠孝東路四段 181 巷 40 弄 14 號，02-27755120 **好樣棒棒** 台北市敦化南路一段 161 巷 13 號，02-27114505 **好樣本事** 台北市忠孝東路四段 181 巷 40 弄 13 號，02-27731358 **好樣公寓** 台北市忠孝東路四段 181 巷 40 弄 18.20 號 2 樓，02-27754386

陽明山雨中行

文　北京　路陽

在之前的印象裡，第一時間能聯想到台北的關鍵字中，「陽明山」是其中一個，感覺是浪漫又神秘的地方。有這樣的行程安排，讓我滿懷期待。幻想可以登在七星山高處，在夜幕來臨前瞰讀台北市區美景，可能這樣的想法與多年前大陸引進了很多瓊瑤電視劇有關吧。

陽明山距離中心市區不算很遠，可愛的宏光兄駕車行至雙溪附近，再沿坪頂古圳步道向前，當天山中一直陰雨綿綿，再加上可能是工作日的原因，所以步道路段並沒有遇到別的人。也是因為下雨的關係，石砌的階石變得很滑，一手撐傘，另一手還要照顧相機，所以全程下來雖說有些辛苦但也因此更加有趣。

隨著圳道於山間穿行，踏過桃仔腳，欣賞觀察我稱不出名字的植物，在欣賞風景的同時，顛覆了以往我對山路的想像。這是一種暢爽的體驗，猶如沉醉在清甜美酒中說笑，在青翠的雲朵裡淌過小溪，在紗帳吹拂中漫步。每走一段就要感嘆和羨慕，在距離城區這麼近的地方，如此美境可以保護得如此良好，而且可以隨時得到，這是懂得愛惜的人的禮物。途中望到了些散落在山間的住戶，看看腳下迄今有百多年歷史的坪頂古圳仍然保有為山上的人們輸送高質生活和農作物灌溉用水的作用。不由得讓我有一種奇妙的時空穿越感產生。生活與自然平靜的貼合，多麼美好。

凡美景不勝收的地方，一定會讓你覺得時間不夠用，在陽明山亦是這樣。即便體貼的宏光兄看出這一點，也無太多辦法。坪頂古圳下來後我們又驅車在陽明山的路上走了很久，雨一直未停，時大時小。有時路過可見度低的地方彷彿像是穿行在雨雲裡，奇妙夢幻。我完全忘記前後只能預見十幾米的盤山路有多危險，只顧讚嘆享受眼前的「仙境」。回頭想，當時真是苦了勞累駕車的宏光兄。至傍晚，我們選了間可以遠眺山景的溫泉，來舒緩一天的疲倦，全身浸在溫暖泉中，欣賞遠處漸漸變暗的山巒，幾個人回味整天的快樂，近乎完美。

陽明山的多情，讓我愛上與之擁抱。陽明山與台北的氣質很相同，都需要慢下來細心去體會才能真正懂得她們的美。我在心中暗自認定，終有一天會再回來。

坪頂古圳

在「捷運士林站」搭乘公車「小 18」，經過「故宮博物院」往山裡走，大概二十分鐘時間，就可以從熱鬧的市區進入大自然。

坪頂古圳有上百年歷史，最早是先山上的居民為保存水脈沿山勢鑿成的灌溉水道。很適合利用一個早上時間，到山中走走，步道標示很清楚，上下坡有點陡，不過一般人都能在兩小時內輕鬆走完。

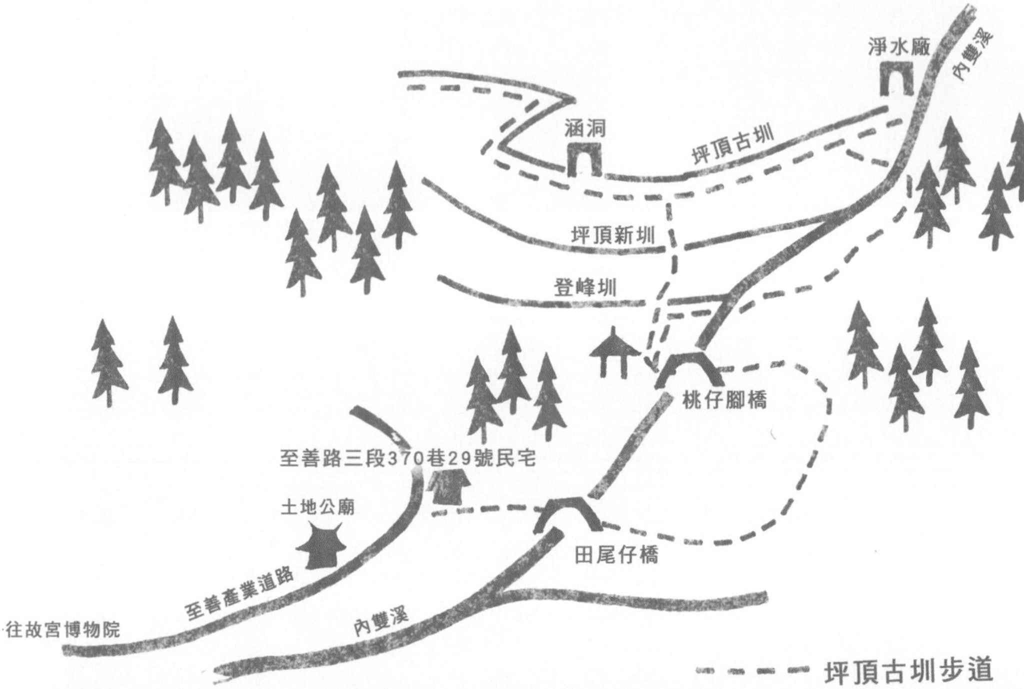

寶藏巖

來台北，也別忘了安排一個下午到「捷運公館站」附近走走，這兒是密集的交通轉運站，也是學生聚集的地段，羅斯福路對面就是台大校園，在公館商圈排隊買小吃之後，腿有點酸了吧？加油再走一下下，新店溪旁有座小山村，原本由大陸遷台老兵、外地勞動打工者與學生組成的聚落，這幾年被社會大眾重新注意，經文化單位規劃之下，保留成為一個聚落形態的藝術村，名字叫「寶藏巖」。

有幾家很有特色的咖啡廳，有些藝術家在此駐村創作，當然，原有的人家依然在此生活著，來這兒可以看到台北一九四九年之後的生活縮影。

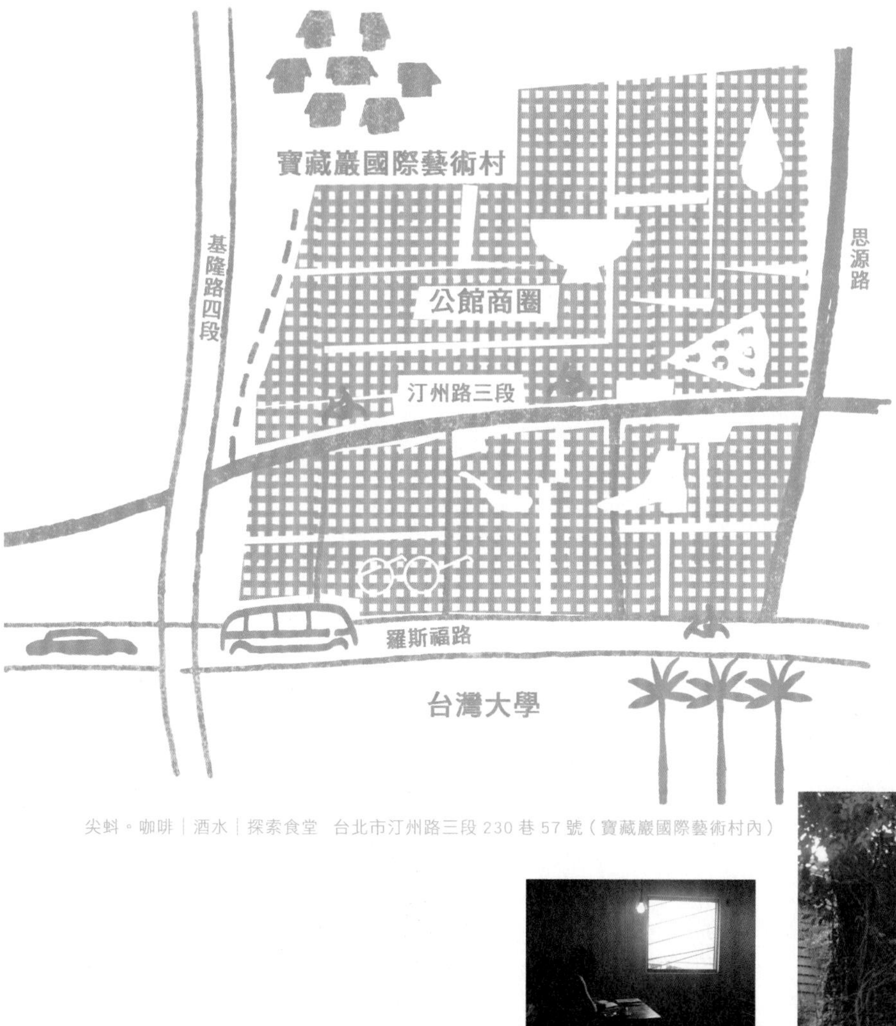

尖蚪。咖啡｜酒水｜探索食堂　台北市汀州路三段 230 巷 57 號（寶藏巖國際藝術村內）

不合時宜的一九七六

文　蘑菇　湯姆

今天下午，我們約了幾個男生去跟樂團「一九七六」碰面。

一九七六的練團室在辛亥隧道附近山腳下，很尋常的公寓一樓，車庫裡放了些工具跟一輛漂亮單車，入門時紅黃綠相間條紋的腳踏墊讓人感受到這個空間的氣味。

一九七六在台灣樂團中算是老鳥了，雖然不常在影視媒體上見到他們，不過去問問現在台灣二、三十歲的年輕人，很少人不知道這個團的。團員們很客氣地請我們喝啤酒，有一陣子大夥兒都不知道說些什麼，慢慢地，從一些音樂上共同認識的朋友勉強找到話頭，聊著聊著，開始天南地北，氣氛也慢慢熱烈活絡了起來，當樂團主唱阿凱聽說我們將去台東待三天，不知怎麼的，大夥聊起了台灣的原住民。「你們知道嗎？台灣目前人口基因中，有非常高的比例是跟平埔族混血過了的……」阿凱抽著煙，說了一大段關於台灣移民的歷

史：早期清朝禁止大陸民眾到台灣，許多偷渡來台的都是身無分文被迫離鄉背井的單身漢，也就是閩南話裡所稱的「羅漢腳」，這些羅漢腳沒有女眷，許多人為融入台灣環境，都跟西部的平埔族交好，於是台灣有句俗諺：「有唐山公，無唐山媽」。「我有段時間對這東西很感興趣，去找了不少資料……」阿凱感覺不像個樂團主唱，反而像個歷史老師，原本打算參觀練團的，這時倒變成了歷史課。

沒關係，幾罐台啤下肚，話題本身已經不太重要，大家開始對別的事情發生興趣……

「你們這個大陸文青團的男生，有規定都要理平頭嗎？」貝斯手大麻忽然丟出這一個天外飛來一筆的問題，大家看著他長長的秀髮，不禁吐煙咳嗽起來。

「你們去過大陸表演嗎？」平頭文青問了。

「沒有。申請過兩次吧！審批都沒過……」

「……你們這團名……」大陸文青們點點頭，表示理解。不過我們幾個台灣地陪就不清楚那代表什麼了？一九七六原是團員們的出生年代。

「一九七六，前陣子有個電影《唐山大地震》，唐山地震就是一九七六年發生的……」

「所以……這年份有禁忌嗎？」

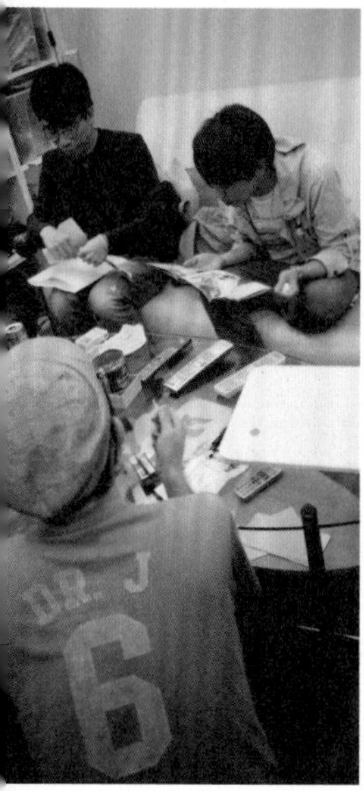

「蔣介石是哪年死的？」文青提點我們。

「民國六十四……一九七五年。」

「他的對頭，咱們毛主席哪一年過世？你猜猜？」

唐山地震＋毛主席駕崩＝敏感的年代……啊，原來！

忽然想起，一九七六相當受歡迎的一首曲子，歌名叫「不合時宜」！

唉！不合時宜的一九七六！

一九七六成立於一九九六年夏天，由四個受英倫八〇年代新浪潮與後龐克音樂影響的團員所組成。作品廣獲好評，深受樂迷喜愛，二〇一〇年獲得第二十一屆金曲獎最佳樂團獎，並參與各項獨立音樂活動。目前團員有阿凱（主唱）、大麻（吉他手）、大師兄（鼓手）、子喬（貝斯手）。

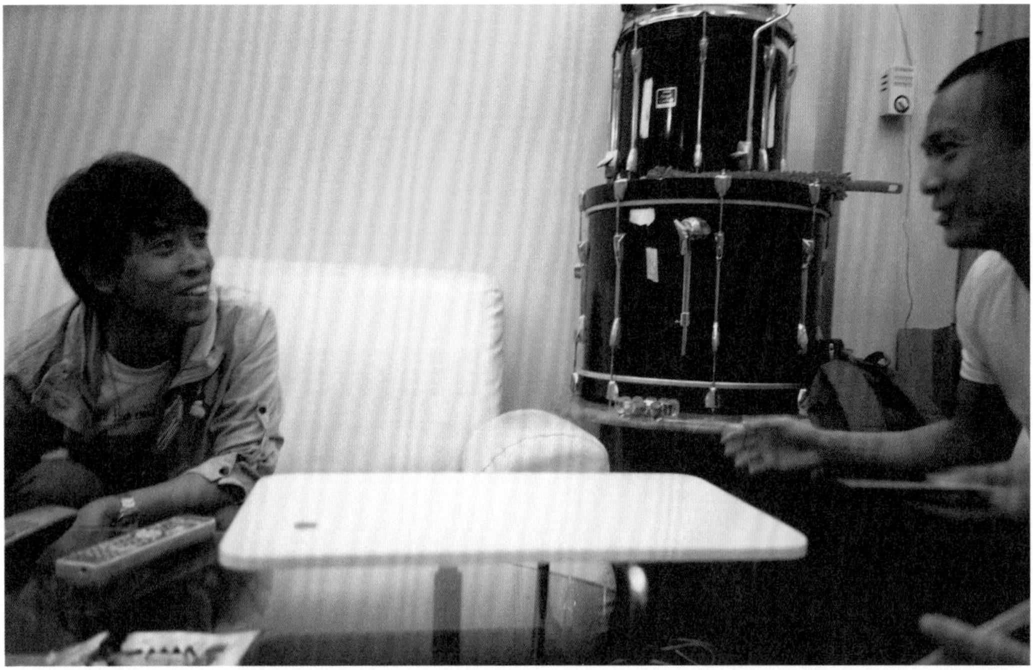

拜訪 1976 當晚，我們在 76 推薦的麻辣火鍋店聚餐。**詹記麻辣鍋** 新北市新莊區新泰路 187 號，02-29982794

妙老師家的歡快料理餐

文 福州 阿彧

跟妙老師約在台北「士東市場」見面是在到達台北的第二天，那天早上天氣有點陰沉但雨始終沒有下下來。我把那天的料理稱為「歡快料理餐」，因為這個料理不是一個正式的大餐，做的過程嘻嘻哈哈，吃的過程歡樂無比，而那些美妙的醬打開了我的味蕾，一如妙老師故事裡的那個孜然羊肉。

關於孜然羊肉的故事是這樣：大學剛畢業的妙老師因為工作關係去大陸西安，西安的代表小吃是烤羊肉串，上面必須塗上一種香料叫孜然，這從一開始連名字都沒聽過的香料，第一口的騷味讓妙老師無法接受，但整個西安無論吃什麼都逃不開那種叫孜然的怪物，否則只能餓著肚子，於是慢慢地妙老師開始接受孜然的味道，然後發現它跟羊肉的確是絕配。妙老師說：「孜然讓我完全打開了，並不是說孜然是永難忘記的美味，而是它讓我知道世界上有那麼多的滋味，不能只用一時的經驗去評判所有事物。」

那天的歡樂料理餐從上午十點進入一個有著十七年傳統的士東市場開始。市場販賣品質最好的生鮮蔬菜水果，豬肉也是當天宰殺的溫體豬，不會腥臭。裡面有一家叫「四行倉庫」的雜貨店（我對此店記憶深刻是因為不知道這個超酷的名字和上海四行倉庫保衛戰有沒有關係）賣著各種台灣好米、五穀雜糧，還可以買到伊朗的椰棗、北美的野黑米。妙

老師說：「我工作上的食材，在四行倉庫很方便能取得，是不可或缺的店家，他們的服務很好，太重的米一定會幫你送到家裡。」

士東市場二樓的一角開了很多傳統小吃店，挑選完食材後我們在那裡享用了地道的台灣米粉然後心滿意足地隨妙老師一路步行去她家。

妙老師家有很漂亮的家具，收拾得整齊乾淨，但在離台前分享會的那天晚上，我播放妙老師家的照片時，聽到底下一片驚呼：「這是謝妙芬的家嗎？她家裡平時哪有這麼乾淨啊，唉呀，真是的……」，那時淡定的妙老師在我心裡忽然變得不淡定了。

妙老師家有個陽台，陽台很小但種著月桂葉、百里香、迷迭香、薄荷和紫蘇。在製作料理的過程中，妙老師經常去陽台摘一小撮植物放入料理中。

妙老師和小二在廚房一邊忙碌一邊互相取笑，我和 Madi 忙著拍照，Cotton 正細心地用湯匙將一個個百香果的籽挖出來，我腦海裡定格的畫面是這樣一副場景。

當然打開我味蕾的那些醬並沒有讓我經歷難以下嚥到全盤接受的過程，在把沾著醬料的藍蝦送入口中的那一刻，我就很想跳到桌子上仰天長嘯三聲：「太好吃了！」

我問妙老師好料理必不可缺的東西是什麼，妙老師說：「好食材和細膩的心，做菜的好心情，有可以一起分享的家人和好朋友，再配上點好的音樂。」這個答案給我很強的畫面感。

九九年妙老師和朋友合開了「好樣餐廳」，每個合開餐廳的朋友原本都有各自的工作，沒人是專業出身。每個星期六，都要想一個主題配出一套菜來給客人吃，那段有趣的經歷讓妙老師踏上食物這條道，什麼都喜歡做來試試看。「世界很大，人生很短，要放開心胸好好體驗，不要錯過任何機會。」這是妙老師給我 e-mail 裡的最後一句話。

那天下午被打開的不僅僅是我的味蕾，對下廚不排斥但也絕談不上熱愛，從來對食物沒有太多講究的我，在回到福州後，第一次有自己動手做幾道菜找三五好友來分享的心情。

歡快料理餐菜單

蜂蜜薄荷百香果果汁
帕瑪森起司 與 白松露油
粉紅鮮蝦 與 杏仁香菜醬
自製麥麩麵包 與 百里香黑橄欖鯷魚醬

法國紅酒燜雞 與 台灣米飯

千層百費
（自製原味優格，烤楓糖漿
燕麥片胡桃碎，酸香覆盆莓醬，
糖漬薑塊碎，層層堆疊）

日本甜黑豆
玄米綠茶

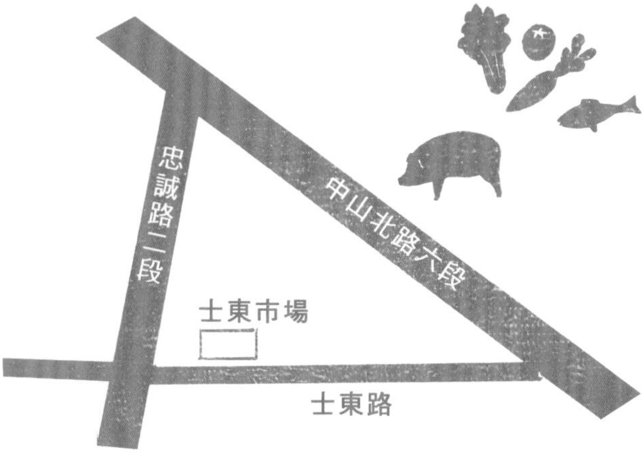

妙 家庭廚房 miaomarmalade.blogspot.tw/
士東市場 台北市士林區士東路 100 號，02-28345308

火花：

女文青們

文 妙家庭廚房 謝妙芬

蘑菇介紹並安排了三位大陸女文青來我家吃午餐。她們來自地大物博的對岸，大致上成長的過程被涵蓋在改革開放這快速變化的三十年間，她們大致相信，也應該正處於「明天會更好」的狀態裡，簡單地說：美好生活對她們來說是一種指日可待，或觸手可及的進行式。

反過來看看我們，生活在地狹人稠的台灣島，三十年來目睹了台灣經濟奇蹟（在小時候），然後奇蹟就停住了。我們看著四周鄰國仍在奇蹟中，我們從勤儉樸實努力營造心目中的理想生活，到日復一日習慣了現在的生活。

傳統市場應該是我日常生活中最常去的一個空間，於是大家就約在天母的「士東市場」，我開始介紹常去攤位的特色和它們對我工作的重要性。先是專賣各種台灣米、各種堅果、各種豆類的五穀雜糧店，賣雞蛋、雞肉、豬肉、鮮花、各種蔬果、專喝養樂多的店、專賣豆類製品的店、專賣貢丸的店……，她們對於傳統市場有這麼親切的服務、這麼專業的五穀雜糧行、這麼漂亮好吃的水果、這麼乾爽舒適的空間嘖嘖稱奇，我們開始在攤位上吃了台灣水果，喝了台灣果汁，豪邁地買起肉鬆和肉乾當成是回鄉的伴手禮，再吃一碗正宗台灣粗米粉湯溫暖了大家之後，就從市場散步回家做午飯了！

都說兩岸的人們同文同種，也是一點不假，大致我們喜歡的她們都喜歡，但是她們對許多事物的反應卻是點醒我們神經的Déjà vu（法文似曾相識之意）。士東市場散發出來的台灣人情味真的很感人，店家會告訴客人，米太重了，給我們地址可以幫妳送到家；台灣人對於自己的工作都很專業也很專注，菜攤老闆會告訴妳如何煮筍才不會苦，水果攤老闆會告訴妳如何挑選葡萄：吃最底下的一顆，如果甜，整串都會甜；肉類都不會有腥臭味，雞肉攤老闆娘會告訴妳，煮雞胸肉和冷水一起煮，水滾後改小火煮三分鐘，加蓋十分鐘，雞胸肉就會鮮嫩多汁……想到我常常去士東市場，每每總是買完工作和生活所需，便趕忙離開，今日透過大陸女文青來訪，反而提醒自己平常太習以為常的事，其實背後是很多的努力和很多的累積。

回到家裡。開始指揮大家做飲料和食物，挖出百香果果肉，到陽台剪薄荷葉，用雞尾酒棒擠壓出薄荷葉的香味，將帕瑪森起司切塊，清洗活蝦，燙蝦……大家邊做食物、邊聊天，很開心！

拿出食物企劃的本領，刻意安排看似很簡單的菜單，但是，迎賓飲料、前菜三款、主菜蔬菜、甜點二款、熱茶、熱咖啡樣樣有。女文青說，這是一頓「歡快料理餐」，歡樂無比。吃第一口蝦時，讓她想跳上桌仰天長嘯，讓平日遠庖廚的她們回到家鄉之後，竟也興起想做菜給朋友吃一頓的動機！這些反應不只是讓我們覺得有點誇張，也十足地警醒了我：人在福中，長久以來都「take for granted」的那麼多大大小小事物，其實是真的值得仰天長嘯或肅然起敬的。

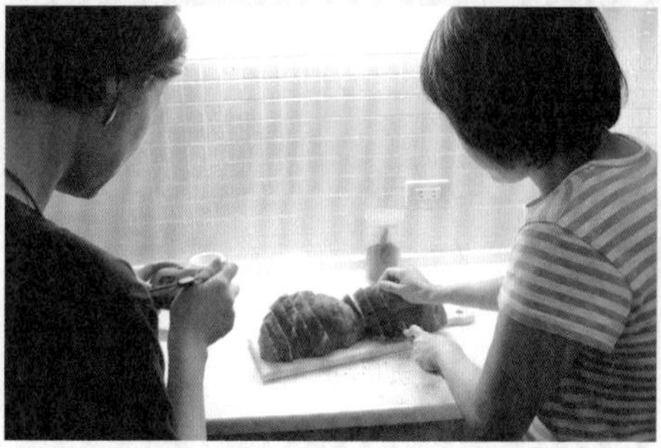

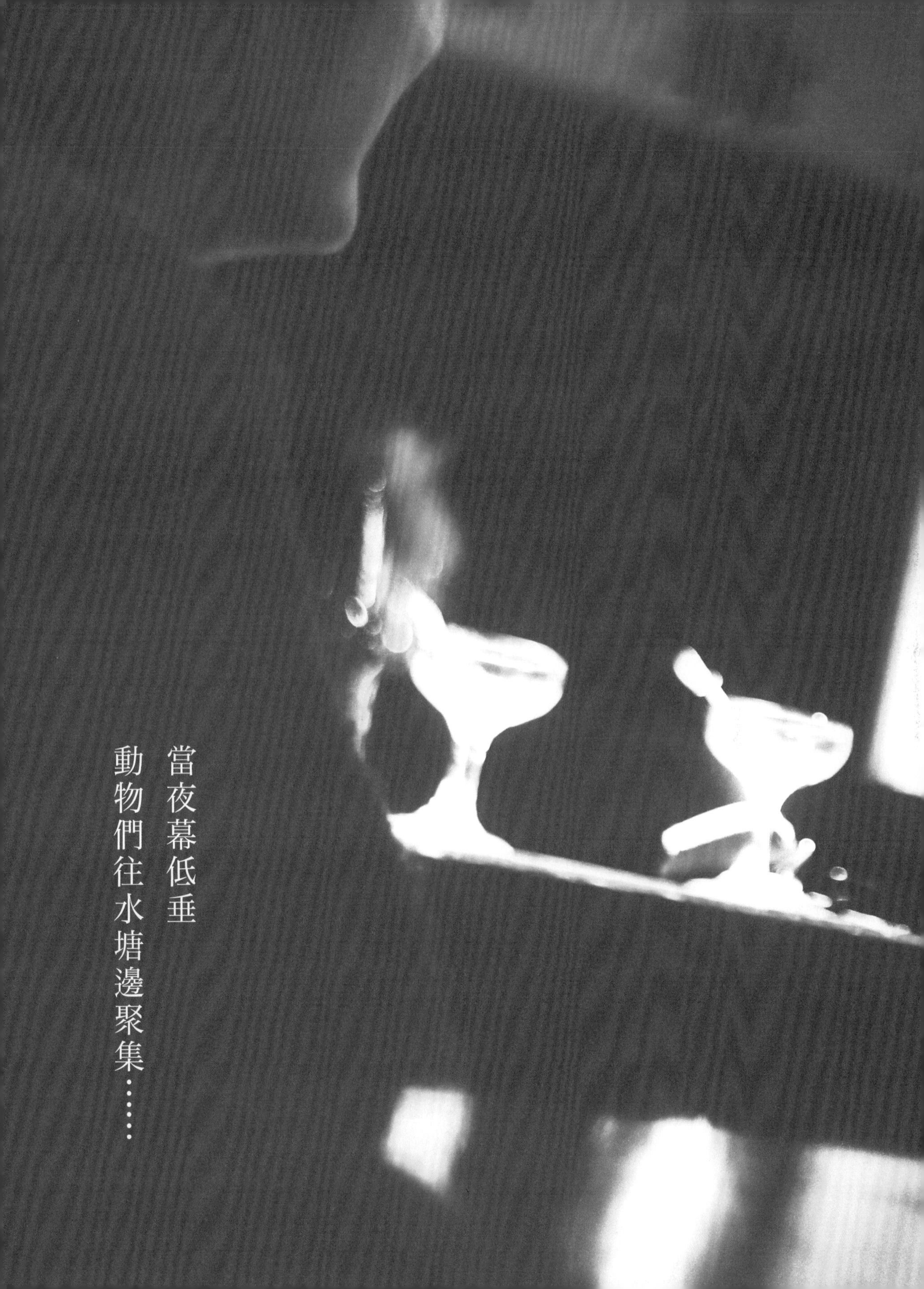

當夜幕低垂
動物們往水塘邊聚集……

台北的夜

文 北京 Madi

有一個熱辣辣做天文研究的女朋友，從美國到台灣度假，向我彙報說台灣之行十分完滿，重要行程之一就是踏遍台北各大夜店，對她而言，台北就是夜生活，夜生活就是形形色色的夜店文化。但對我來講，台北的夜生活當然是有另外一份單子的，有許多聽過多年的地方，當然是想要去坐一坐，也有許多人期待遇見，而這念頭卻一直古怪地放在心裡，等著什麼機緣來。機緣是一定會出現的。

聽到放浪男子組要去見「一九七六」樂團，我就立即想要脫逃女生組。不只是因為平常一直和獨立樂手們打交道的緣故，而是……什麼說不上來的東西。

甜蜜蜜的晚餐和甜點之後，便立即去了「地下社會」與男子組會合。從熱鬧的街市走下樓梯，不得不說，全世界的live house都是一個樣，於是當我在這個陌生城市的第二晚便來到這個滿是沉悶煙味和塗鴉牆壁的小小空間，立即感受到了存在感。興奮得有點過了頭，喝下好幾杯之後也並沒有要和一九七六說些什麼，這時候一個女孩子走過來說：「妳就是那個Madi嗎？」

這就是我要說的那種機緣，即使世界人口已經膨脹到了七十億，有些人，不用聯絡也是註定會遇到的。不知道是世界給我們的空間太小，還是緣分真的是個奇妙的東西。和我說話的是小麻，

地下
社會
Unde
Worl

一九七六團員大麻的太太。我們借著酒力，說起那些被放下很久的名字，那些事情並沒有什麼值得再提的了，我們的的確確是陌生人，卻在生命的某些片段中發生過交集，那些故事紛紛搬到了新的城市，有的離我們越來越遠，有的卻從她的身邊來到了我的身邊。這真是有趣的。

這一晚從地社深深樓梯走上地面的時候，大概已經是淩晨四點，外面潮濕微涼，街市的熱鬧早已經收拾了起來。我和Dave搭上計程車的時候，大麻小麻一直站在那裡揮手，我一下子說不出話來，並不是不勝酒力，而是那股成長歷歷在目卻已然消逝的強烈感讓我眩暈了。

我問小麻是不是常常來這裡，小麻說不記得了，「小時候常常來，也就一直都會來坐坐」，我想不起我有什麼光顧過五年以上的店，五年裡面，住過的城市搬過的家都要想一想才數得出來。

離開台北往花蓮去的前一晚，大家都早早地回酒店收拾行李去了。Dave結束和奇哥在「海邊卡夫卡」的即興演出，仍舊是一副夜晚才剛剛開始的樣子。和前來捧場的大麻小麻聊著，等傳說中要出現的舒國治。

等舒國治來的時候，全體人員都待在煙霧繚繞的吸煙室裡為計劃求婚的Dave出謀劃策，感性得很。被十二點才到的舒先生打起精神，跋涉了幾個街區登上狹窄的二樓，推門進去，只有一張吧台兩位老闆三個酒客的屋子，氣氛高漲，老闆嚷嚷著該打烊了，卻還是禁不住給Dave拿出煙燻味威士忌來。

我望向左邊窗外，閃著的霓虹燈上寫著「老屁股」，右手邊坐的是黃建和。我提到「大辣」的

書，他遞過名片說，「挑五本妳喜歡的，離開台北前可以送給妳，如果回到北京再挑，郵寄太麻煩，就只有兩本了噢。」我心裡想著，五本哪裡夠，卻其實一本也沒好意思開口要。

後來聊了些什麼呢？真是一點也想不起來了，只有那些細碎的片段，他們滿是故事的臉孔模糊地存在記憶裡。大多時候是老闆在說話，說起那些年輕時在別的城市裡做過的瘋狂事，那副「人生怎樣也是可以快活地走下去」的樣子。而舒先生整晚是沒有說太多話的，靠在門上笑著喝一杯紅酒。只記得每個人都笑得不行，那種人生在世還有什麼比這一刻更快活的笑。連說好要提醒大家早走的弘煒，也捨不得走了。

和這群老屁股們比起來，我的人生大概還在為許多事情在意和忙碌，誰又知道呢？也許到了老屁股的年紀，也並沒有變得更灑脫，只是學會了把一些事情淡忘。然而那份情懷，那場為著經過了不同路途卻能坐在一起喝一杯的酒事，都會讓我一直一直想著台北的夜。

四個晚上

文 蘑菇 微笑大叔

Madi和Dave是絕佳的夜生活旅伴，一個沉穩，一個瘋顛，形成巧妙的平衡，缺一不可。

Dave就像微波爐，總能在片刻間跟陌生人混得像鋼鐵兄弟一般，不停地握手、擁抱、大笑，偶而還會自我感動地落下幾滴淚，白天是這樣，夜晚更是如此。Madi正好相反，她就像大氣層，溫柔地保護這個亢奮躁進的世界繼續運轉，她總是端著酒杯帶著微笑地靜靜享受這一片刻，Dave說她年紀輕輕，但去過許多地方、做過許多事，是真正的嬉皮，於是我決定加入這組的夜間部旅行團。

第二天晚上，我們到師大的「地下社會」聽一九七六鼓手大師兄放歌。Madi和Dave都有自己的酒吧，這裡的氣味讓他們頗為自在，Dave讓平日話少的吉他手大麻打開話匣子。

隔天晚上，和奇哥在和平東路的「操場」碰面，Dave迫不及待地分享重新混音的《蘑菇之歌》，不過這晚現場ＤＪ的狀況似乎不若以往，有些可惜。第三個晚上，在Dave的懇求下，奇哥安排了「海邊的卡夫卡」場地，讓Dave完成音樂交流的心願。Dave操作著取樣機和奇哥的電貝斯互尬，雖努力想碰撞出火花，但兩人似乎還在培養默契，Dave有些沮喪。不過神奇的夜晚才剛開始，和Dave只有一面之緣的文人舒國治，加上出版人黃建和，近午夜十二點出現在卡夫卡，這好幾代文青在舒老師的帶領下，一同快步前往羅斯福路上的酒吧「老屁股」。台北的夜晚如此奇妙，讓人不禁聯想起伍迪．艾倫的電影《午夜．巴黎》（Midnight in Paris），雖然來自不同世代背景，但因為旅行的機緣，因為Dave這把鑰匙，讓我們見識到前輩們精彩活力的一面，讓人不禁肅然起敬，這個晚上有一種此生永不忘記的感覺。

離開台北的前一晚，我們在旅館外的階梯上喝著離別的台啤，Dave給我很多的擁抱，也掉了一些眼淚，Madi依舊送出淺淺溫柔的微笑，習慣旅行，也習慣離別的她，奇妙地讓狂歡有了厚度。

台北夜生活

這批大陸朋友與酒吧淵源很深，
其中好幾個都有自己的店。
所以在台北的幾個晚上，
都很認真地去「考察」台北的知名店面……

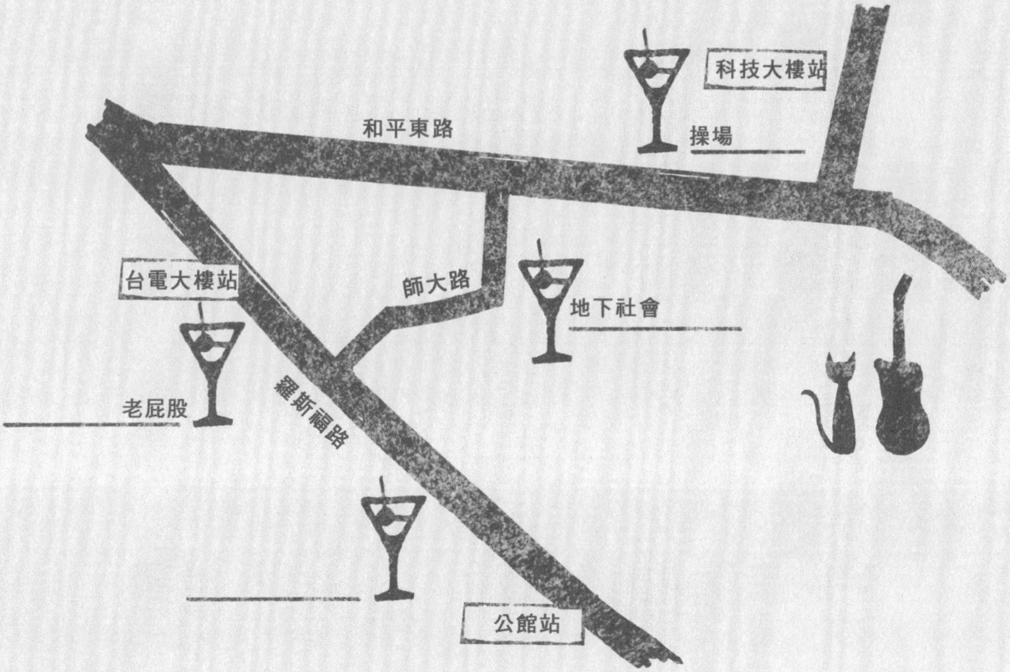

地下社會 台北市師大路45號B1，02-23690103　操場 台北市和平東路二段169號2樓，02-27047918
海邊的卡夫卡 台北市羅斯福路三段244巷2號2樓，02-23641996　老屁股 台北市羅斯福路三段38號2樓，0963365784

因為實在有太多想要帶著去看的地方與行程，
扣除前後兩天來回是非常不夠的啦！
於是我們將這次邀請的九位文青朋友分成三組……

好！兵分三路，我們出發囉！

台中

A組　西濱公路放浪行

成員　編號223 Dave　董攀

領隊　老湯姆

嚮導　叮咚

行程　台北↓西濱公路↓台中↓南二高↓恆春↓墾丁↓台東↓台北

這團我們姑且稱為「熱血放浪公路團」，打算沿著海繞台灣一大圈！

……嗯，差不多一千公里吧！這當然是個瘋狂的計畫……

喂！要帶個冰箱裝啤酒嗎？西濱公路哪兒可以裸奔啊？

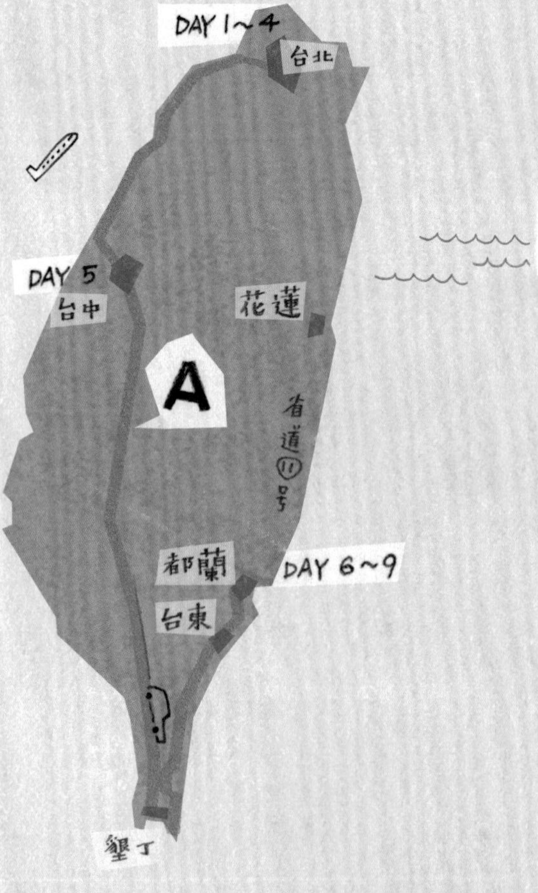

男子公路電影

文 蘑菇 湯姆

觀音海岸

天氣不錯，竟然出了太陽，車子沿著64號快速道路向南走，快速逃離台北盆地。

眼前地平線突然出現一列白色大風車，這幾年台灣西部海岸建造了許多這樣的風力發電機。我們愈靠近，它

們顯得愈龐大，我們將車子駛出快速道路，慢慢找岔路往這些大風扇接近。

海邊有許多林投樹，莖幹像蛇一樣挺著身體向四處蜿蜒，葉子長長的一叢叢往下垂，像一顆顆人頭。樹叢中散落許多丟棄的垃圾廢家具，一台支解了的彈子台癱瘓在路邊，一地的破碎玻璃與內部零件，像腸子般從機台內部被拖出來，俗豔的機台上畫著濃厚笨拙的彩色線條飾邊，上頭寫著：大丈夫。（日語：沒關係的意思），好樣的你這彈子機……願你安息！

一群人走進風車群下，巨大的扇葉在強風中轉動著，切穿空氣發出轟轟的聲響，陽光下如螺旋槳般的影子不斷試圖將我們剁成碎片，我們只是看著眼前的海，不理會它。

「海的那端是哪兒呢？」有人問。

「福州吧！應該是福州。」

「欸！看見了看見了！我看見我朋友在那兒……喂！……」鬍子Dave發神經喊叫著，他似乎永遠都這麼瘋。

離開台北，真正的環島行才算開始。

老天算是十分眷顧我們，晴朗日光一直給我們好心情。馳騁觀音海岸的我們一路迎風行駛，忽然在高速路的前方右側看見有如科幻世界中大型機器怪獸的物體，是呈直線排列的巨型風車，因為視角的重疊，風車的疊加點從遠處看，顯得十分科幻。於是幾個人歡呼狂叫著追尋狹路，兜兜轉轉，奔往那未來世界的巨物。我們抬頭觀望眼前的龐然大物，聽這些大風車發出嗚嗚巨響，轉身又站在黃沙上看海，差點在這般超現實的畫面裡沉迷不走了。

Dave 忍不住拿出前日在台北購得的滑板，不顧沙地障礙，在日光下滑起了滑板。我給董攀用 iPhone 拍照，讓他頭頂的位置剛好是遠處的風車，我們笑稱這是廈門版的小叮噹。欲離開這群龐然大物的時候，路邊遇見了正在交配的螳螂，讓觀音海岸頓時又增添了超現實的一頁。

～ 北京 編號 223

秋茂園

「苗栗通霄的海邊，大概也沒有太多台灣人知道，這兒有個當年鼎鼎大名的『秋茂園』。」車子繼續往南，台灣海峽始終出現在路的右方。

「當年有個旅日華僑黃秋茂，他畢生志願是要帶著母親環遊世界，後來功成名就返家，媽媽卻已經過世……所以，他建了這座公園紀念媽媽！」，全車人靜靜聽著這個故事，不知道是累了還是故事聽來太八股，有人像小狗那樣打了個哈欠……可當車子過了鐵路隧道，慢慢轉進荒涼海邊的這個公園，全車人都叫了起來：「喔喔喔！！這太飛啦啦啦啦！！！！」

像被踩了一腳變形的娃娃、被卡車碾過的交通警察、發出詭異笑容的童子、瘦如馬般卻有著巨大陽物的大象，還有數不清的眼神渙散的眾神佛天使們……我們像是來到了一個哈哈鏡裡的愛麗絲仙境。這是景觀設計師的恐怖異境，也是攝影愛好者的奇幻天堂。

我們在三層樓高的溜滑梯旁樹下，喝著啤酒，啜吸燒酒螺，223拿著相機早不見人影，我拿出三線琴撥彈，Dave一個人跑到附近海裡頭大吼大叫，董攀眼神迷惘地穿梭在滿園仙佛異獸之間，這是一段奇妙的午後時光。

其實讓人感覺超現實的不止這次，身為司機的老湯姆繼續帶著我們去他兒時記憶中的「秋茂園」。秋茂園，誰都沒料到這麼神經質、這麼迷幻又美好的夢想園林，卻被遺忘在那裡。那一個午後我們分開散步，與風格迥異的各色塑像打招呼，園裏稻草焚燒的味道，坐在石桌邊吃的辣田螺，以及樹底下的老湯姆韻律頓挫彈起的三弦，都讓我對開始的駕車之行和之後的旅途有了更多憧憬。

在秋茂園我已然感覺時間靜止的氣息。走過風格各異的各式雕像和樹叢，穿出後門便是海邊，三條沒有主人的黑狗毫無警惕地癱在地上，肚子起伏有秩地曬著太陽。而對著海邊的另一端，秋茂園外門，火車軌道上時不時開來一列火車，橫穿的車道，號誌燈由著偶來的列車發出登登登的聲響，在陽光灑落馬路的午間，打破鄉間空氣裡的寂靜。

～北京 編號223

高美溼地

從台北到台中短短兩百公里路，我們到了鄰近台中盆地的清水「高美溼地」時，太陽已經垂掛海平面那端。這是一片泥沙灘，海水薄薄地覆蓋泥灘，映照著天色，許多人手攜著手往海裡走。然而，走了約莫一公里，回頭看看，陸地已經離了老遠，海水仍只淹過腳背，遠遠看過去就像行走在海上。

遠邊一排風車轉動著，似乎是跟呼嘯的海風告別，紫灰色的天空只留海平面一條橙紅色發亮的腰帶。我們看著太陽落到海裡，緊了緊身上的夾克，將餘溫收進口袋裡，慢慢上岸。

五權西五街，忠信市場

進入台中市區已經入夜，大家經過一天勞頓，只想找地方覓食。不過我們事前連絡的台中朋友已經有所安排，因此先過去打聲招呼。

「日和三二」在國立台灣美術館附近靜巷裡，每週休息兩天，供應固定菜色，隔段時間更換菜單，是我們蘑菇最資深的老員工強泥和女友姿靜經營的舒服小餐館。這天他們休息，不過還是維持台中一貫的熱情風格，除了請大家喝咖啡，還奉上一瓶蘇格蘭威士忌，讓大家晚上續攤用。

強泥帶著我們逛逛附近巷子裡幾家有趣的店，我們開始忙著東看西看，「i's Gelato」冰淇淋店老闆大方地邀請我們試吃各種口味，舊貨行老闆阿峰笑笑地跟大家聊搜貨的故事，從事乾燥花手藝創作教學「Yokoneco」老闆娘跟我們解釋她的種子果實等材料都以撿拾而非摘取得來的……幾家有趣的小店，讓我們驚喜連連。

接著強泥不斷催促我們趕快去「忠信市場」，說再晚那兒就要關門了，於是我們一行人顧不得晚餐趕緊過去。忠信市場就在國立台灣美術館正對面，是個由連棟四層樓老水泥房圍成的傳統菜市場。

我們抵達時，現場果然已經暗了，不過走進市場裡，卻發現菜攤與豬肉鋪旁邊有間狹小店鋪仍然透著暖暖的黃色燈光，前進一看，正是等候我們已久，賣老相機的「CameZa Square」！董攀像是觸電似地，看著架上那些長相奇特又美麗的老相機，忍不住跟老闆阿德像老朋友般聊了起來，狹小空間裡，滔滔不絕地品評相機夾帶幾聲飢腸轆轆……

老闆阿德聊得暢快，帶著我們再去看看市場裡其他幾個小店，穿過魚肉攤和公廁，走進一家北歐風格設計餐具小店（好超現實的場景啊！），店裡的女店員抬頭看見我們，脫口叫了一聲：「你是223？」

北京來的攝影師223愣住了，沒想到在這樣的地方碰見網路上的同好粉絲！接著，又前往辦獨立影展與協助介紹插畫家作品的「小路映画」（天啊這是什麼單位？），到的時候阿德朋友其實已經拉下鐵門了，但得知有朋自遠方來，還是熱情地重新開門邀請我們進去聊天……我想大陸朋友應該有點迷亂了吧？怎麼一路上見到的台灣人都這麼的天真浪漫呢？

喔對了，還有更迷亂的呢！這天晚上，我們安排了三位旅客入住台中有名的motel……呵呵好壞啊！

短短兩百里路，我們消磨了一天，日落前抵達臨近台中的「高美濕地」，一日下來，那些遇見都讓人以為最光彩的時刻已經發生。華燈初上時才終於進了台中市區，蘑菇們的台中朋友已經等候多時，忍著飢腸轆轆，晚間又短暫忙碌地拜訪了台中「日和三一」周遭與「忠信市場」的創意小空間，夢境似的連著遇見幾個不可思議的夢遊者與他們發夢的單位。

果然，憧憬的事情，在夜晚的台中獲得了戲劇化的實現。蘑菇人早就說好，此趟行程，A組的放浪男子會住一次汽車旅館。按照以往對motel字面的想像，想是美國西部電影裡空闊沙漠或公路加油站邊的平房細屋，沒料想台灣的motel是這般的情慾溫床。這讓還尚在冷靜旅行中的我，頓時開了竅，起了勁。心想，這趟算是沒有白來，享受到了這樣難得的風情。

～北京 編號223

五權西五街周遭特色小店

日和三一 台中市五權五街210巷22號，04-23757062 **i's Gelato 義式冰淇淋** 台中市五權西五街88巷46號，04-23751699

Yokoneco私の手作花園 台中市五權西五街88巷21號 **Belleville-264-Studio 魅力老貨** 台中市五權西五街88巷46號

台中汽車旅館

已經晚上十一點了，五個男人一輛車，緩緩駛進了汽車旅館的入口。

「先生，請問有預約嗎？」「是的，三個人。」

門房服務小姐往車內探了一眼，給我一個狐疑的眼光。

「我們帶大陸朋友來入住，待會兒就離開。」我解釋。

一進房間，三個大陸朋友忍不住大叫起來。「哇！這也太大太豪華了吧！」「哇靠哇賽！」「太過分了吧這兒……」

等等！還有更過分的！我拿起電視遙控器，對準超大螢幕，按下電源……

一陣令男人酥麻的淫浪聲波立刻充滿了房間每個角落，螢幕上出現了讓人血液凝結的畫面，這一刻五個男人都震懾又尷尬……

更尷尬的來了！樓梯傳出咚咚咚高跟鞋的上樓聲！而房內仍淫聲浪語不斷，門房小姐出現在房間門口「先生，對不起！我們需要三位客人的護照跟入台證……」

……AH！AH！AH！AH！AH！AH！AH！AH！

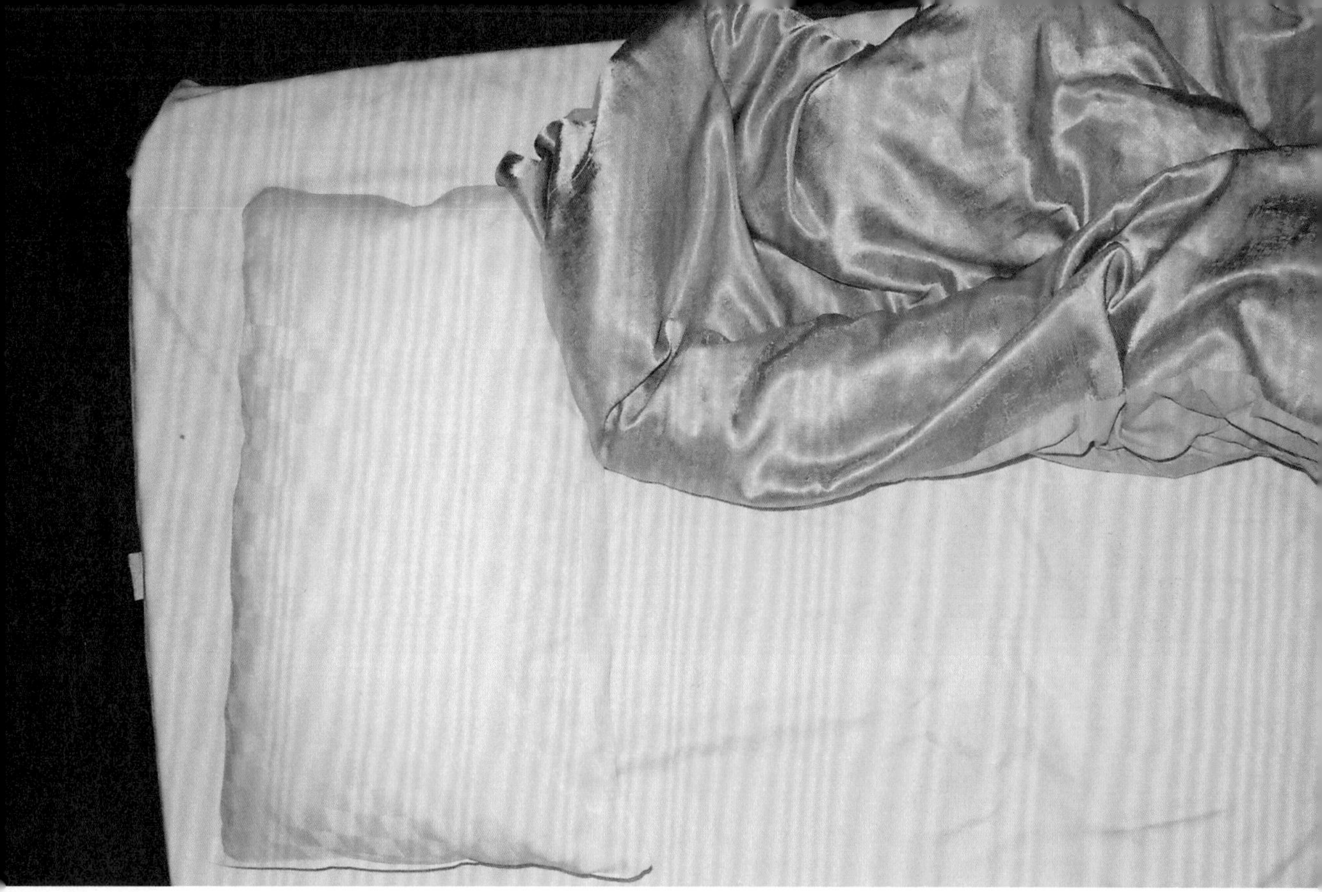

很多旅行的經歷，就是這樣，遊山玩水固然是一種收穫，在不顧風景的好壞之後，體驗異樣的風情和文化，才能有不一般的收穫。

於是A組的三個男生，共享一瓶威士忌落肚之後，在「A片現場」滔滔不絕地聊到眼皮睏倦，睡醒了跟香豔的motel睡床告別，便繼續往南，一路直抵屏東和墾丁。

~ 北京　編號 223

火花：

A組 西濱公路放浪行

夢想菜市場

文 台中 CameZa阿德

早早得知攝影好動兒叮咚會帶大陸朋友來「忠信市場」繞繞，在他們來的前幾天，才與朋友閒聊到大陸幾個攝影師，真巧，編號223就是我們閒聊的其中一位。還特地把眼睛揉清晰，沒看錯沒看錯。

同樣的世代，不同的生長背景，也很好奇，在兩岸的彼此，對於同樣的事情發生在兩地，是怎樣不同地發展？短短時間裡，從毫不認識到天南地北，或許相同的是，對於自己夢的追求與堅持，彼此在同一個頻道上high。事後，反觀在自由環境裡的我們，不該老是冒出「資源不足」、「競爭激烈」等抱怨逃避字眼，有夢就是要去實現，不去實踐，夢不是被奪走，不然就是「終究還是場夢」……

三年多前，無厘頭朋友李小四，意外地發現國立台灣美術館正對面的暗黑巷弄裡，有一個隱藏版的市場。

只能用不思議來形容，這被豪宅包圍的烏托邦，常想，那些豪宅裡的爸媽，是否常訓斥自己的小孩說：你再不努力，以後就只能住在那個市場裡……「107藝廊」的邱大哥跟我們常這樣聊著、自嘲著。

忠信市場，近四十年來仍是一個市場，有雞販、豬攤、菜販，還有小廟……而我們，只是市場裡的寄宿者，在狹小的空間裡，替市場上了另一層顏色，日後這個市場更豐富地增添了影像空間、獨立製片、兩性空間、生活雜貨與創新藝術平台等，各式的新顏色。市場本質沒有改變，我們也沒想去改變，因為那就是市場的樣子，不只是賣菜、賣雞，也賣生活……。忠信市場確實實驗著藝術與生活，彼此融合的樣貌，也是這樣的

目標與共識，讓忠信市場獨立存在著。

「時間不夠用」、「錢不夠花」似乎成了現代人的慣語。若能把心底的那聲音掏出來實現，你會發現，其實世界雖然現實，但也無比美好。在一個薪水能夠負擔的空間裡，任性地做自己喜歡做的事情，攝影。沒有預算，就有多少錢就做多少。

一個私空間，讓愛攝影的朋友除了虛擬的flickr之外，還有個實體空間可以聚會聊天。

空間，自己也會長大，長大後跟更多人分享對於攝影的熱愛，攝影除了設備之外，還可以有不同層次，還可以有攝影的力量，惟實際空間沒有增加，本人的體積卻持續增加著……囧……就這樣，任性地把夢當真，也甘之如飴……

市場：起源於古時人類對於固定時段或地點進行交易場所的稱呼，
而此交易場所為消費者為了減少搜尋成本的形成。（wikipedia.org）

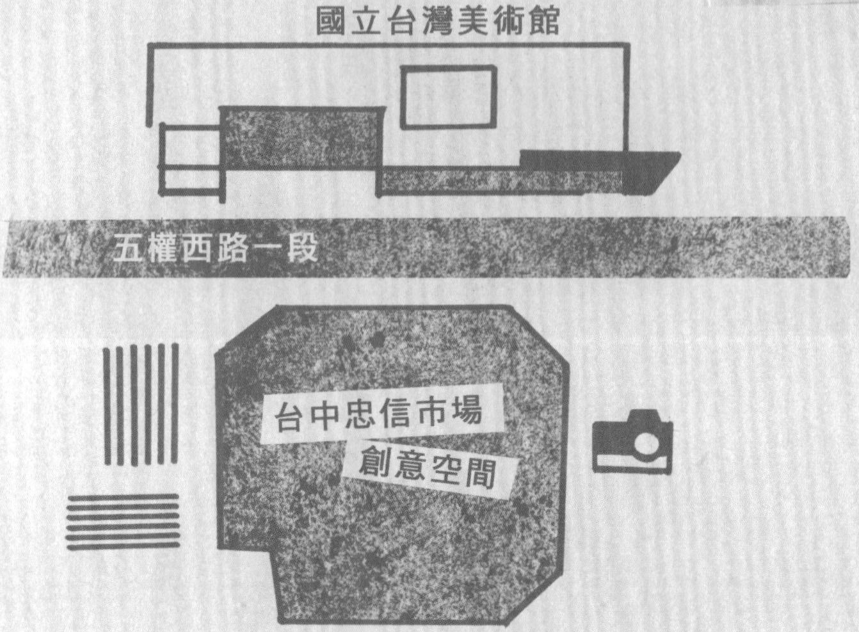

台中忠信市場創意空間

國美館對面，由五權一街、五權西二街、五權西三街圍成的忠信市場，在民國五〇年代末期興建，六、七〇年代生意最鼎盛時，曾有一百多戶人家住在這裡，賣著雞鴨魚肉青菜蘿蔔南北雜貨……等，八〇年代後漸漸沒落，越來越像一座漆黑又神祕的廢墟。這幾年，一些藝術空間、小工作室、特色小店開始進駐。鑽進老市場裡面的走道，在屋頂浪板透下的微光中爬上樓梯，轉個彎，每家店、每個空間都是一處超現實的寶藏。

CameZa寫真庶務所

男主人阿德熱愛攝影，賣相機也賣雜貨，不定期推出攝影展、工作坊的復古空間。
台中市五權西路一段57巷3弄4號
camezasquare.blogspot.com

小路映画

非營利單位，只作兩件事情：放映與插畫。放映推廣台灣獨立製片並介紹展演台灣新銳插畫家作品。
台中市五權西路一段71巷3弄5號
04-23750912

自己的房間

以英國女作家吳爾芙的作品來命名，是一間2樓有書房、3樓有客房的性別書店。
台中市五權西路一段71巷3弄1號
04-23755031

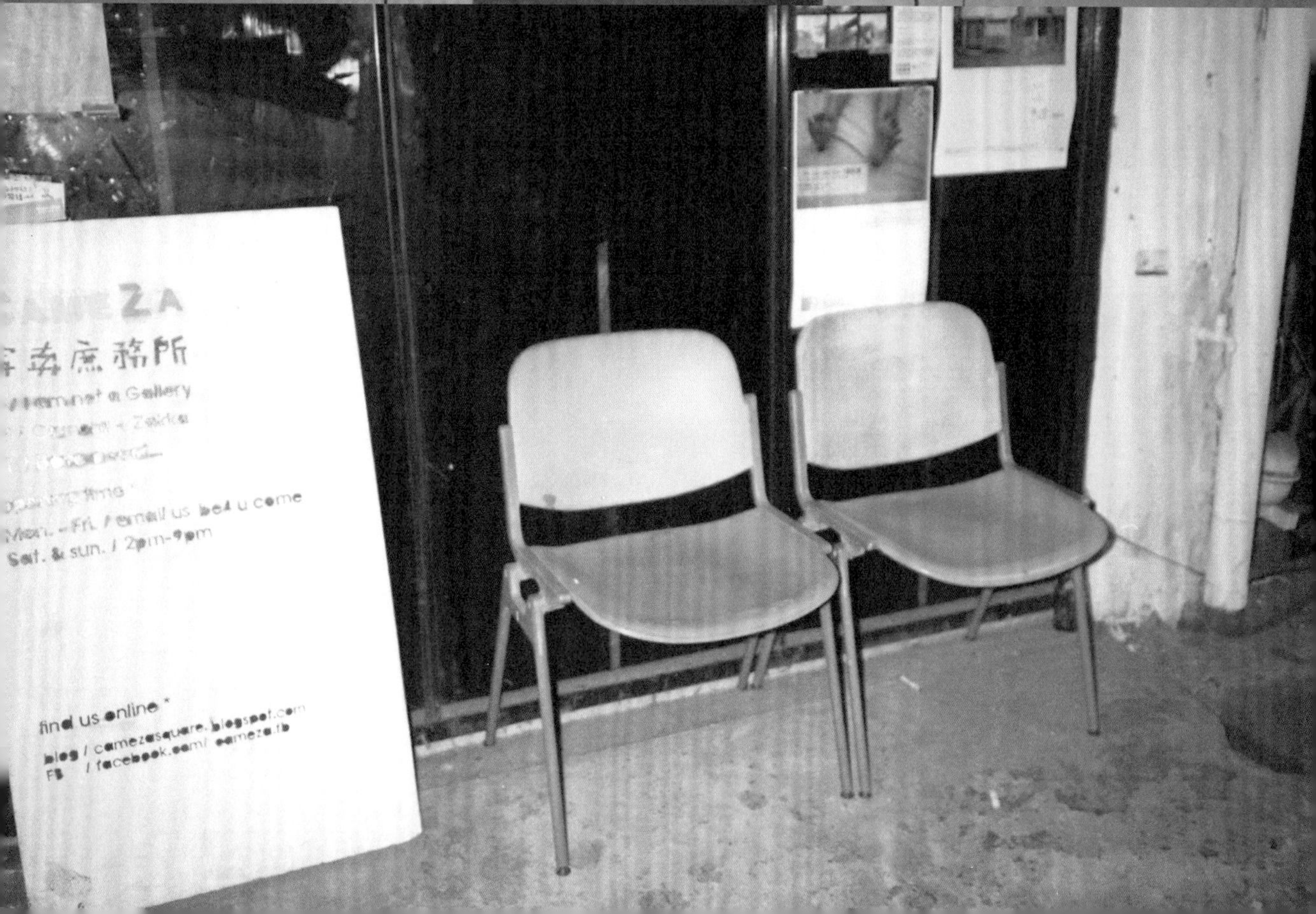
Mon. - Fri. / email us be4 u come
find us online *
blog / camezasquare.blogspot.com
FB / facebook.com/

墾丁 最南喝咖啡

文 北京 編號223

對於墾丁，我始終是有莫名好感和期待的。大概不僅僅是因為聽聞已久的「春天吶喊」，還因為它是台灣最南端。我有個私人癖好，莫名喜歡收集旅途中最南端的燈塔。

原本計畫一天內從台中到台東的長途行程，禁不住我們再三騷擾與央求，蘑菇老湯姆捨命相挺，將車一路殺下台灣最南端的恆春半島，比原先往台東路線足足多了幾小時車程。

午餐在恆春小鎮的「董娘的店」吃到生平最好吃的滷肉飯與山藥豆腐，酒足飯飽之後，迷濛間忽然眼前一片刺眼的蔚藍，墾丁到了！

藍天、大海、青翠的山、坡上的牛群……我們告訴自己這一切都是真的！三十六小時，我們從台灣頭來到這島嶼的尾巴。

沒有事前規劃，嚮導叮咚神祕地將我們帶到鵝鑾鼻燈塔邊停車場旁，穿越同胞觀光團的遊覽車陣，眼前出現一條階梯，通往停車場邊的小建築物……建物前廊掛了些魚網與漂流木，隨意拼湊的桌子上散放幾個杯罐，幾位頗有造型的年輕人踱步出來，見到叮咚與突然出現的我們，黝黑的臉孔露出一口白牙：「呦！」這幾位是叮咚的朋友，在台灣「最南點」的嬉皮們，平時在此租借與管理露營場地跟經營「最南喝咖啡」，也嘗試著捕魚種菜，過自給自足的生活。

Dave腳下的長滑板馬上打破了彼此間的界限，嬉皮們打開山寨大門歡迎我們這批好奇的不速之客。經說明來意，嬉皮們帶著我們穿過屋後的珊瑚礁密林，往山丘上走。到達山坡頂端，穿越刺人的樹叢，撥雲見日豁然開朗，太平洋一望無邊地出現在眼前！而燈塔，則以耀眼的姿態立於海岸一邊。太平洋的風吹送在臉上發出的聲音，大概只有在那一刻才能在內心裡有所形容。

那個時刻，男生們對著海洋，發出的呼叫和吶喊已不足以表達心裡的澎湃，我都要哭出來了。

董娘的店　屏東縣恆春鎮恆南路二巷22號，08-8898755

最南點
停車場
The Southern Tip Parking Lot
最南點
Southern Most Point
800m
最南喝Café
最南露營區
TEL:(08)885-1039

完好・野人天堂

文 最南點 小肆

那是我們今生第一次撒網捕魚。

墾丁鵝鑾鼻・沙島，前天剛買小型魚網，我們沒有專業的浮球，就用塑膠收納箱代替，不過塑膠箱會在海上慢慢地下沉，若讓附近釣魚的漁夫看到，肯定會被取笑，通常兩個人就可以搞定的定點撒網，我們四個人搞了半天，有可能因為身處這美好環境，讓剛上岸的我們看起來沒有那麼狼狽不堪，反而還有些瀟灑。那天太陽灑在身上，心裡有聲音傳來：「彼岸，我們到了嗎？」

二〇一〇年八月，有個朋友標下了墾丁鵝鑾鼻露營區的使用權，需要有人去整理經營，於是我們五男一女，放棄了在台北打拼，集體遷移到本島「最南點」。我帶著開店生意失敗所留下的器具，其他人各自帶著自己的故事，群居在一個沒有路燈、沒有收訊的野生環境中。在好朋友突然變成兄弟姐妹的這天，那時的我心想，我們六人都非常需要這個家庭。

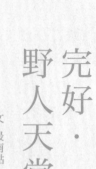

第二年了，露營區經營並不像其他生意投資有很明顯的報酬，我們是以換宿的方式生活，不需要負擔水電租金，但也沒有薪資，所以必須自給自足。不使用瓦斯，用木材起灶燒菜；沒有實用的家具電器，用現有的工具製造出需要的用品，目前為止聽起來就像現在電視上流行的那種回鄉過純樸生活的節目，或是像現在風行的那樣，邊旅遊邊賺錢的「working holiday」，如果你不怕野生動植物，很能適應惡劣的自然氣候變化，那有這美麗幻想也很正常，不過你不可能不在意這個——大陸觀光客！

我們每天睜開眼睛面對的不只有勇氣，還有滿山滿谷的遊覽車，墾丁是許多大陸旅行團必到的地方，剛好我們的露營區旁有個最南點停車場，於是每天就是面對這些「上車睡覺、下車尿尿」的遊客。這對我們露營區來說本來就已是一種傷害了，何況是文化民情大不同的大陸朋友，每次過路留下的都是垃圾與屎尿，而且完全不聽勸告。時間久了我們也不得不把他們當外星人看待，就像那些不認同我們到此生活的人一樣，其實我們心裡一點也不好受。

「天堂啊！這是天堂啊！」

那天叮咚帶了三五個年輕人到最南點看我們，「探望野人」這行程似乎是我們朋友來墾丁度假的旅遊路線之一。我跟叮咚是舊識，小時候我們算是很搖滾地在一塊兒攪和，他很瘋狂，但不致於瘋癲，所以會發出剛剛那樣瘋癲的聲音的人不是他，一定是跟他同行的友人發出來的。誰會對墾丁如此大驚小怪呢？原來是對岸的朋友！大陸人的吵鬧聲我們早習以為常，不過這次好像有點不一樣，叮咚帶的這些朋友比起旅行團的婆婆媽媽們年輕許多，而且看那穿著打扮以及身上攜帶的攝影配備，沒有錯！是一群大陸文藝青年！我們開始好奇了，這一群離我們好像很近語言也相通的外國人跟我們有哪裡不同呢？帶著他們簡單地逛一逛我們生活的地方，沒有樓房的大自然當然會讓人心情開朗，但叮咚有個朋友也太開朗了，一路上就是「天堂啊！天堂！」驚呼著。大夥很好聊，有些人跟我們一樣也玩音樂，所以有共同的話題；但坐在兩群人中間的叮咚，臉上出現超越慌張的恍惚表情，我想一邊要面對野生的野人，一邊要面對瘋癲的大陸文青，肯定是有難度的，大夥停留約一個小時，就要出發前往下個目的地了。

其實當下我們很開心，彷彿終於不再被異樣地看著了，也有可能是因為我們當時也不異樣地看著對方，甚至還特別地欣賞了一下。原來在兩岸，這一代青年，表達興趣的方式一樣特殊，大家都不慌不忙卻很投入地決定過自我生活，享受這久久會出現一次的滿足的聲音。

「彼岸，我們到了！」

花蓮

B組　海平線的生活團

成員　Cotton　Madi　阿彧

領隊　咪咪

嚮導　憲嘉

行程　台北→雪山隧道→蘇花公路→花蓮→東部海岸→台東→台北

這團都是女生，所以搭配猛男帥哥憲嘉當嚮導（其實主要是請他擔任司機啦！），太平洋的風、花蓮的鄉土與清新自然的空氣是這個行程的特色。

大陸對於可愛溫柔有點故作天真的女孩們戲稱之為「小清新」……

這名詞似乎有點戲謔的成份；我們來看看花蓮的清新，其實是一群很扎實的理想實踐者。

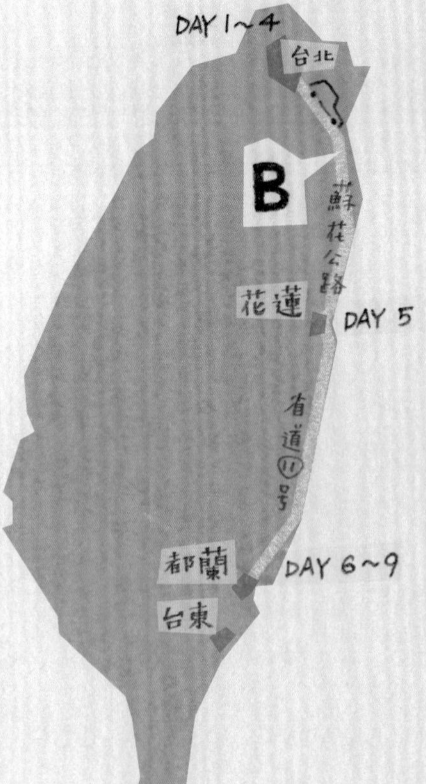

小清新夢幻花東行

文　蘑菇　憲嘉

我跟花蓮應該是有切不斷的隱形線連結著。當初為了讓自己可以在看山面海的環境裡好好地喘口氣，決定移民花蓮，從實實在在的勞動裡獲得精神的舒爽與滿足，只不過好像時機未到，一個月後又回到台北。知道有一群善良的朋友在這塊土地上認真努力活出自己的樣子，彼此分享與關照著，心裡明白：有朝一日還是會回去生活的！因此當蘑菇辦起旅遊團要帶大陸的朋友到花蓮走跳，自己當然是領隊的不二人選！

我們這一組可說是Girl Power的極致呈現，由蘑菇頭咪咪姐與店長小二擔任領隊，團員有Madi、Cotton與阿彧，我這個嚮導則是點綴的綠葉。我們先在台北感受好吃、好看、好逛、好買、好享受的獨家行程，接著就踏上內地朋友稱為「小清新」的夢幻花東行。

蘇花公路

出發前，東北部已經斷斷續續下了一個月的雨，為了安全，脆弱的蘇花公路限時通行，逼得大家一早就要整裝出發，一定得在中午前進入蘇花。雖然有點趕，但是從台北到花蓮的這段路程還是有些地方非得停下來不可，就像儀式一樣。像是蘇澳的「稻香園」，在小路旁的不起眼店家卻有簡單好吃的料理，食材絕對新鮮，要魚要肉要菜都有。只是我們早到了些，午餐還在準備中！這樣也好，對三個內地女生來說這是離開台北之後第一個遇到的城鎮，我們就隨性地散步到蘇澳車站走走看看聊聊；買好午餐繼續上路，準備找個舒服的草地享受野餐的樂趣。

為了善盡嚮導職責，路途中自己還煞有其事地介紹路過的地點：這是蘭陽平原，那是龜山島，宜蘭的三星蔥很有名喔……試圖從這些敘述中慢慢建立連結，就像學生時代同學們剛認識一起出遊一樣。

漸漸地，也從她們相互的對談中大概知道每個人的工作、感情與生活的狀態，不過可能是台北耗盡她們的體力，或是沿途的景色太美，更可能是中國人含蓄的美德影響，新朋友們都還在待機狀態，少了一些我所期待的興奮感……是我自己太high了嗎？

蘇花的路程果然因為限時通行而走走停停，但也因為這樣停停走走的節奏，讓我們可以在每一個轉彎之後，看到山與海不同的樣貌與顏色。寫著歡迎來自大陸不同地區旅遊團標語的大型遊覽車，在對向車道一輛輛不間斷呼嘯地經過。此時，後座的乘客慢慢開機了，熱烈討論著眼前的景致與她們平常生活所見的差別，開始拿起相機朝海平面遠方喀嚓喀嚓地拍起來，Cotton說：「我第一次看到一望無際的海耶！我第一次看到太平洋！」我問：「海不都是一樣的嗎？」她解釋：「雖然廈門臨海，但是看不到這樣一望無際的海。」我這才想起以前教科書上說的，福建廈門一帶是峽灣的地形，看過去的海總是會有下一個灣擋在前面。突然，我也想去看看那邊的海。

清水斷崖

進入花蓮之前的最後一個停靠點——「清水斷崖」，算是犒賞了司機我辛苦翻轉方向盤的辛勞。站在兩層樓高的階梯上，往下看鋪滿石頭的海岸，往前看延伸到天邊的海的盡頭，往左看斷崖山壁上貼著的霧氣雲朵，還有岸邊不斷拍打的浪花，現場只有海浪與風的聲音。女孩們全都把鞋子脫了下來，好好踏一踏涼涼的海水，挑選一顆最有型的石頭，相機還是喀嚓喀嚓

地拍著。突然，一陣浪頭打來，大夥來不及閃躲，驚叫了一下，褲子衣服全濕了大半。

正當我催促大家該繼續上路時，阿或卻顫抖地說：「我褲子口袋裡的手機好像被海水沖走了！」大家趕緊跟著退去的浪潮往海邊走去，看看有沒有遺留在沙灘上。最後，確定手機是被太平洋帶走了，只好安慰她說這樣也好，之後沒有人打擾輕鬆多了！

稻香園 宜蘭縣蘇澳鎮城東路199巷1號，0956895265

離開台北的時候我沒睡過幾個小時，然而車一經過北宜高速進入蘇花公路，就怎麼也捨不得再睡。因為坍方造成的維修堵塞，讓我們得以停留在廣闊的太平洋邊。我怎麼也想不起自己看過這樣的海，飽滿地伸向很遠的地方，遠方海平線清晰而高漲，讓人覺得充滿年輕的旺盛精力。就這麼一路隨著它，我們到了花蓮。

~ 北京 Madi

大王菜舖子

車子駛入花蓮市區，公寓樓房交通車流，城市的模樣再度映入眼簾，對照剛剛的自然景象還真有點衝突。不過才一下子，我們就又離開市區進入農村，道路兩旁是綠意滿滿的作物。我們要拜訪的是在花蓮從事有機蔬果銷售的「大王菜舖子」，他們剛在離壽豐不遠的平和村租下一個聚落，準備開始進階版的賣菜計畫。大王穿著雨鞋，一副剛工作完的模樣，在偌大的庭院裡端著當日採收的鮮黃柿子等我們。「這柿子沒用農藥，要連皮一起吃才能吃到原味！」我們看著賣相不怎麼樣的柿子，大王趕快補上這句他常說的招牌話。的確，那柿子入口的滋味與層次絕對不是一般市場裡漂亮柿子能夠比得上，大家都很識貨，專心地把一大盤柿子享用完畢。

一層的住家約莫三十坪大小，是原本老房子整理起來的，除了結構部分請師傅來幫忙打理，其他都由大王與夥伴們一起動手打造。戶外比則是住家大三倍的庭院，簡單的生態水池、木頭棧道，沒有多餘的裝飾，有的都是生活必需的設備。望著原本就存在的幾棵大樹，我心想這裡一定冬暖夏涼。對面還有三間長方形的房舍，這是之後每天分發蔬果魚雞的工作室，預計還要自己做泥磚蓋另一間員工宿舍。這種自給自足的生活展現，對三個新朋友來說，也許聽過看過報導介紹，但今天卻是真實地呈現在眼前，即使是我已經跟大王熟識，看到這些也深深地佩服他貫徹的執行力。

「除了讓更多在地人吃到在地生產的食材之外，我們也租下村落裡的農地，尋找有意願合作的商家夥伴進行自然農法的契約耕種，盡可能提供所需的食材，也會雇請這裡的老媽媽們一起擔任工作人員，提供工作機會，讓這原本已經沒落到要廢村的平和，一點一點慢慢地復興起

來……」大王一邊在地上的土坑裡就地用樹柴升火，一邊輕鬆講著這裡往後的計畫。天色漸晚，圍著小火堆的我們，身上的衣褲烘乾了，身體也暖和了。

跟大王買了一些當季的水果後，海平線的生活團繼續趕路與看海，前往晚上的住宿點——「住海邊」的大碉堡。

抵達大王剛剛落成的白色院子，台北的夜生活就徹底地被拋在腦後了。從宜蘭的一份便當開始我便體嚐到了許久未妄想過的蔬菜清甜，一向重視農業的台灣近年開始有更多的年輕人回歸農田，一方面把環境問題和食品問題細化，直接面對最根本的生存問題，另一方面也在尋找不同以往的人生觀。阿或堅持不懈，燃起了篝火讓大家烤海邊濕掉的襪子，在這樣的溫暖裡吃到了人生之中最好吃的柿子，我想起和咪咪、憲嘉聊到的回歸農業的話題，大概大陸青年們還有很長的路要走吧。

~ 北京 Madi

住海邊

文 蘑菇 憲嘉

來到了「住海邊」的大碉堡入口，有一種走入夢境的錯覺。原本是生硬水泥包覆的軍事建築，在主人家秀琴與阿正夫婦的用心照料下，改造成有豐富生活感的住宿空間，房間的名字叫做大山、大海、大樹、小花、小草。民宿小幫手帶著我們五人走進大山，是用大塊木板訂製而成的上下鋪背包客房，好像大學時代的宿舍，不過空間大了許多。共用空間裡，客廳可以看到整面的海、開放廚房自己打理、滿牆書本CD的休息間……還有還有，頂樓的大平台可以享受一望無際的無敵海景加超級立體聲環繞海浪與風聲，真的是名符其實的「住海邊」！我隱約地感覺到，這群女孩心中壓抑的喜悅與尖叫，雖然外表還是含蓄地笑，可是嘴角上揚的角度提高了！

夜裡稍有涼意，Madi披著小薄毯上大平台去聽海看市區的光，過一會兒，其他兩位也跟著上去。就這樣，我們依附著自然的寧靜，跟自己相處，互不干擾。最後大家陸續回到房間，「啪！」一聲關上燈光，路燈的光線從窗子透進來，隔音窗擋住一些海浪聲，只剩下節拍性的間歇聲響。我們很快就沈沈地睡著了。

早上的陽光不容許你賴床，盥洗之後走出房間，廚房裡小幫手與早起的其他房客已經在準備早餐了，這天剛好有個媽媽帶兩個孩子來住宿，我們也趕快加入，跟著孩子放杯盤，十幾個人一起在碉堡中央空地的長桌上吃早餐，應該都是大家的第一次。大家互相介紹，知道有大陸來的朋友，其他房客也好奇地詢問初來台灣的感覺，三個新朋友的回答都是滿滿的笑容！

早餐後，再到大平台上看看白天的海、跟著狗兒走到出海口的岩石堆，只有一晚的短暫停留對大家一定不夠，但是我們還有更精采的行程在後面等著。最後請小幫手幫我們在大碉堡的長椅上拍一張到此一遊的合照，數到二的時候阿或一把把我拉近，留下有點害羞的開心合照。我想，一定有些東西已經開始在這些朋友的心裡發酵，只是她們還不知道該怎麼用嘴巴說出來而已……

在「住海邊」的那一晚，聽著像精靈呼喚般的海潮聲睡著了；第二天早晨醒來，便馬上爬上屋頂天台看海。這是一個座山靠海的碉堡所改建的民宿。和樂融融的早餐，分不清誰是這裡的民宿小幫手，誰是住客，我聽到人們談論的是離開城市生活，到民宿打工換住宿，修建麵包窯，和那幾隻會跟你說話的狗。和我以往到小鎮旅行的經驗不同，這裡當然也聚集了各有故事的城市青年，但是這裡的每個人，似乎都積極地找尋另一種真實生活的可能性，他們也許為此仍往返於兩個地方，嘗試著各種不同的工作，有過放棄，但無論怎樣，仍持續在往另一種生活的路上，走著。

後來，我們去花蓮市區吃「三十九號招待所」，吃被稱為「毛主席」店主所做的上海菜。一頭銀髮的毛主席，原本在台北木柵的大學旁邊開了一家餐館酒吧，叫做「革命之家」，近幾年才來到花蓮。慢慢地煮了第四杯革命咖啡，還抽空去廚房端出兩桌小菜，雖然我不記得那菜裡有多少上海口味，卻至今懷念那道清蒸臭豆腐。聽說我們都開店，毛主席講起搬來花蓮以前在台北的酒吧，「那時候我們可是以調酒最多著稱的」，我翻起酒單，毛主席又念道：「調酒英文名不能改，中文名倒是可以的。」酒單第一行赫赫寫著「Bloody Mary — 血色革命」。

那曾經迷人的青春時光，果然是藏在這山和海之間的。

~北京 Madi

火花：

來菜舖子生火

口述 花蓮 大王
文字整理 蘑菇 紓筠

那天打電話給大王，他接起電話，匆匆地說：「我正在分菜出貨，下午四點我們再好好聊聊！」四點一到，準時打給他，他接起來說，自己在七星潭海邊，正在等挑魚。

「等挑魚？」

「對，漁船剛上岸，還在整理漁貨，我們正好有時間可以聊。不過等下他們一整理好，我就要先掛斷電話去挑魚了，挑好再帶回去出貨。」

於是稍晚，就在七星潭邊、漁船旁，大王談起了平和村菜舖子裡的那團火。

「我印象最深的是那個女生，那個手機掉進海裡的女生，因為他們來的那天早上，我的手機也剛好掉到水桶裡，真巧！

她們那天大部分的時間都坐在火邊，話不多，所以我不太知道她們腦海裡在想什麼，也不確定她們有什麼收穫。但是沒有收穫也是一種收穫，不是嗎？至少，我相信她們一定記得那堆火。

在這裡，只要有人來，我就會生火，用火來招待客人。就像有人見客之前要先噴香水、梳頭髮一樣，我是先去準備木柴，然後我會想，你們等下來了要坐在哪裡生火？是要在屋前的長廊？或是樹林裡的那塊空地呢？

我們這邊一定要生火，因為要趕蚊子。除了趕蚊子之外，火能給你食物，給你溫暖。我把火用得很極致，像麵包窯生火的熱氣，就用管線讓它經過水槽加熱水溫。所以這裡洗澡不用熱水器的。

火也給你安全感，給你人際關係。只要升起一堆火，人就會慢慢自動圍過來，圍著火開始講話，就算不講話，也能看著火坐很久很久。

看見火，很多人都會變成小孩，原本的天性都會跑出來。在都市裡面，人已經不容易去接近火了。但是在鄉下，你會愛上火。過著有火的生活，就會像個人。

我記得那個福州來的、掉了手機的女生，她一直很努力找木柴，連我都沒像她那麼認真，因為我偶而會走來走去，切個水果什麼的。而她很專心、很執著、很用力，我其實不知道那時她鞋子襪子濕了，但看得出她很需要那個火。最後，火真的被她生起來了，我只是後續幫忙加一點柴火、把火變大而已。火一生起來，只要一直有木柴，就不會滅了。

啊，他們魚已經整理得差不多了，我要去挑魚囉，要多聊一些的話，明天早上十點可以打來，再見！」

這些人
這些地方

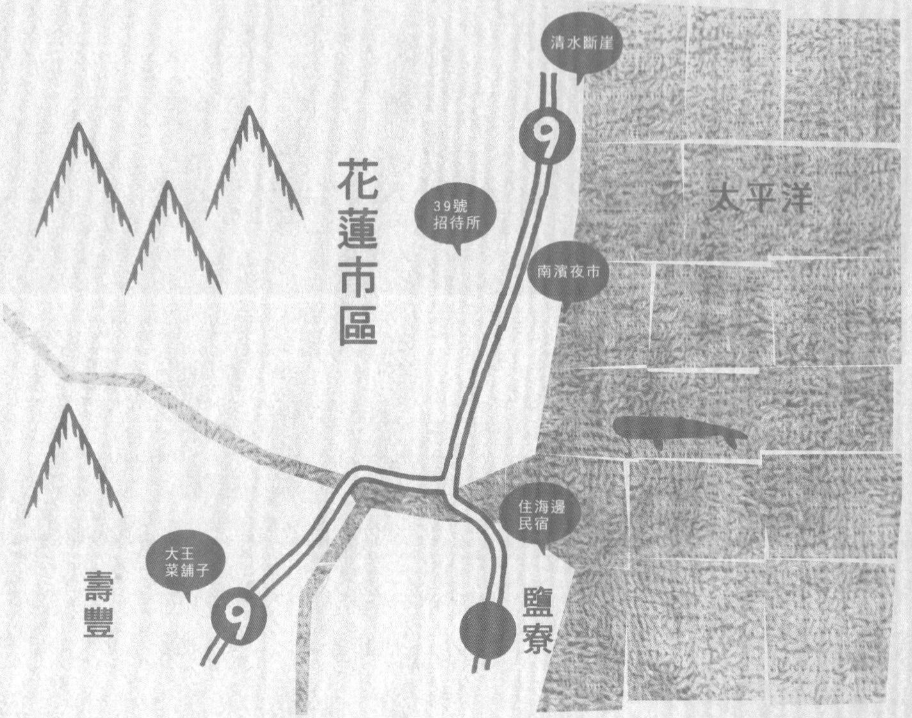

大王菜舖子

大王王福裕尋找用心耕種的在地小農，希望能把他們生產的美好食物跟大家分享，蔬果、穀米以及來自花蓮七星潭海域的天然海魚，大王通通都可以配給你。

花蓮縣壽豐鄉平和二街8號
03-8662189

住海邊

花蓮溪口河海交界處，阿正與書琴用自己的雙手改造一座廢棄的碉堡營房，把它變成一棟民宿。背山面海，三百六十度的景觀絕對是花蓮溪口第一等。也開放小幫手打工換宿，一起來經營住海邊的好生活。

花蓮縣壽豐鄉鹽寮村大橋36-12號
0972778353

三十九號招待所

曾在台北木柵開「革命之家」餐館酒吧的毛星然，人稱毛主席，幾年前遷至花蓮開店，最拿手的是江浙與上海菜。晚上九點之後，燈光一暗，飯館會變成 lounge bar，由毛主席親自調酒。

花蓮市大同街39號
0912257872

台南

C組　巷弄美學搜查小隊

成員　大頭　路陽　楊函憬
領隊　宏光
嚮導　Evan
行程　台北高鐵→新竹→台南→南田→台東→台北

號稱「台灣巷弄美學自然考察隊」，走的是健康與閒散路線，先前在陽明山區雨中散步泡溫泉，又連逛了幾晚的誠品書店（買的書據說交疊起來有一公尺高，直接交付櫃台寄送大陸！），台北幾日，白天逛街爬山晚上瘋狂採購，應該有點虛了……這回要帶他們去古都走走，介紹一下我們南台灣熱情的朋友，也好好地補補身子！

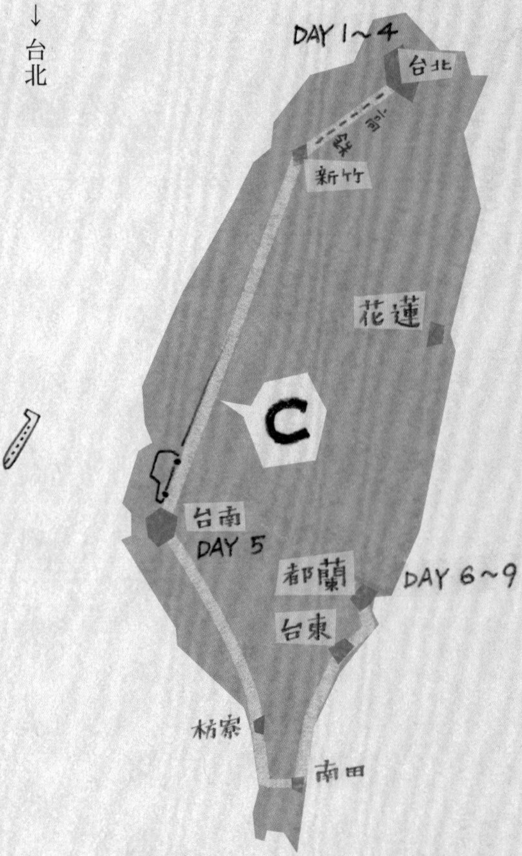

古都極短篇

文　蘑菇　宏光

來去台南吧！

總感覺，那是一個「很做自己」的地方。

不只是因為城市歷史久長，一路走來始終如一，更因為這裡的人太「牛」，人人皆有自己的看法主張撇步，各有私家承傳的小吃美食地圖。從東門到西門過街穿巷的獨愛路線，自家門前庭後如何種些含笑、桂花、玉蘭、朱槿盆栽，再讓自家汽車機車腳踏車幾輛安穩停放，擺放板凳藤椅幾張好泡茶乘涼賞看行人神色來往，好個一生無事，四季有花。

如果你在大都會待得暈頭轉向，累積了太多「不得不」的里程點數，你來看看，人家到底是怎麼過日子的。

台南，總是個讓人心定再出發的好地方。

趕路中，行經風城

Check out，只讓行李上車，Evan領著三人搭捷運轉乘高鐵去。我是與高鐵比賽速度的小巴師傅，忙上高速公路，趕在列車抵達前恭候在車旁，面帶微笑揮手迎接他們。

「新竹站到了，歡迎！」

「哦，屁股還沒坐熱，怎麼才剛睡著就到了？」

「嘿，台灣高鐵，我們感覺一下就好。」

和煦的陽光勾搭輕柔的風，無與倫比地舒適自在；一瞬間，大家似乎變為融化的冰棍，還是被高人點了軟癱穴，就大剌剌地在廣場水泥地上躺了開來。在上車後跟他們介紹，新竹又稱風城，名產米粉享譽全台，大家一副甚能體會那彈牙滋味的樣子。

永康交流道下，路旁店家廣告看板越來越繽紛，為搶目光也越往馬路蓬勃伸展，快餐店、水果行、香鋪、眼鏡行、檳榔攤……行行業業五花八門，各式有趣店名風格形式，生氣盎然模樣。對於這類景象已經習慣麻痺的我們，隨著客人們連串的驚奇高呼，也就跟著一起再好好發現並親近一次，我們的家。

來不及看，肚子也裝不下的台南味

這十幾年來，我們終於懂得要去欣賞與愛惜我們的環境，於是擁有豐厚文化生活基底的台南，自然就開了許多奇異動人的花。

西市場裡的「謝宅」是我們今晚的家，民宅主人謝小五領著我們裡外上下瞧看，每個空間角落，生活用品家具，都有屬於它自己的生命故事。屋舍外就有許多的老字號好滋味，「阿瑞意麵」、「江水號」剉冰、「鄭記土魠魚羹」；更外頭的正興街上又是一番新氣象，人氣爆發的「IORI tea house」、「彩虹來了」，更別說別處還等著的香腸熟肉、「度小月」……我們真的已經來不及看，肚子也裝不下，沒辦法消化吸收了啦！「唉，你們就下次再來，盡情享用吧！」帶著同情同理心的我說。

IORI tea house
台南市中西區正興街74號對面
06-2216371

彩虹來了
台南市中西區正興街100號
06-2202868

或許有些人也跟我一樣，光顧「草祭」二手書店時被那不可預期的空間氛圍給嚇了一大跳，然後藉由翻看書籍，鎮定回神。說到文化創意產業，「草祭」、隔壁的「小說」咖啡聚場，公園路上葉東泰先生所開設的「奉茶」，是我心中的好典範代表；他們將一天天的在地人文生活，自然不造作地做了轉換及分享，你能喝到聞到看到聽到，後頭那人的用心。

多虧草祭店主漢忠帶路，我感到我們經驗了最上乘的台南遊逛方式；秋高氣爽的月夜，行走穿梭在古都巷弄間。離開人聲鼎沸滿是啤酒吧燒烤店的海安路，巷內時光緩緩凍結；路燈昏黃，兩旁老屋生活日常，看不遠的曲折巷道間，你彷彿能感受到那過往，身旁商賈苦力牛車來往，蜿蜒河道舟船停歇；接官亭，昔日清代官員來台離台皆由此處；走著晃著，悠悠絲竹樂音入耳，原來是南管百年館閣「振聲社」學員練團中。離開陰翳小徑，感到前方不明熱源傳來，這是怎樣，都夜半三更了年輕人還擠在這？定眼一看。才知道不得了，走入了仍有超級活力三百歲的神農街。

我們的台南極短篇，每個人都撐大肚腩了、腳痠、驚奇地掉了下巴。回謝宅路上，眾人口渴買現打果汁去。大夥仍精神飽滿亢奮，齊聚陽台吹風賞月，東北大男孩路陽滿意享受

著高級釋迦牛奶汁及榴槤牛奶汁，我拿出檳榔，也讓大夥試試嚐嚐南台灣泥土的芬芳；路陽說出他的心願，希望能和久聞的檳榔西施合影。

好樣的，台南好強！

台南驚夢

寄給小謝

文　廈門　函憬

小謝：

我有點不相信到台南了。站在西市場的邊上，陽光刺眼，古樹下，藝術家的裝置有如家常。小小的，空蕩蕩的街，彷彿都在等著回鄉者。這多像我要帶妳回去的故鄉。

每一個人的故鄉，都在舌尖之上。在台北與葉怡蘭道別時，她幸福地講起：台南啊，一定要吃那個……更早在廈門，她也說起，這像極了她故鄉台南的味道。胃的旅行和心的旅行彷彿是一起到來了。我如今已記不住每一道食物的味道，只是覺得台南，如一口美味，來不及回憶，便已滑入胃中。每一戶人家，就幾十年如一日的安於那一種味道的傳承，這便是小城，除此以外，妳說還能做些什麼呢？又還能有其他什麼能比這樣的過去所創造的這樣的現在更美和更好呢？

我若給妳講起謝小五這個人時，一定也如講起我自己那般熟悉。沒想到，在台南，也有這樣一個人，也和我一般熱愛著老房子，並試圖用自己的力量，一點一點去改變和引導大家對老房子的態度。先是說服了自己家人，把位於西市場（日治時期的老菜市場）樓上的祖宅，改成了民宿，名叫「謝宅」，意為恢復一個家庭的時代記憶。樓上樓下，完全是兩重天，改造的方法令人敬佩，全是生態設計的理念。在他主導再造的另一個老宅裡，更引進了一棵大樹，讓它從一層直接穿越了三層，為老房子增加垂直庭院的活力。看到留言本上的各種讚嘆與感動，真得替老宅們謝謝他。想想我們的老宅，多少能有這麼美麗的命運。還有他的紅茶館，還有他的下一個「老屋欣力」計畫！而我的同出一轍的「純真博物館」與「Morning Call紅茶館」，正在艱難的重啟。

一切不能停止的艱難與夢想，都只是因為這是小五的故鄉。我堅信，西市場是通向過去的時光隧道。天光從高高的樓頂圓洞裡灑下來，老舊的布市場裡，藏著上了高齡的冰店和麵店，每一個在挑動筷子的人們，都像是時光的旅人，少了喧嘩，多了默契的寧靜。這一晚，我們最終沒有去參加小五的生日流水席，聽說各地的朋友們都會帶食物遠道而來一起狂歡。而我在想，大概有一個生日，應該也這樣來過。這一晚，我們去了神農街，和「草祭」二手書店的主人漢忠一起。

每個人都有一個開書店的夢想，但這一回，我遇見一個生長和開放得最好的書店之花。恰好和台南舊味與舊宅都同處一個時光流，草祭真的讓你想不到，它會是一家二手書店，並保持著那麼美好的面容。先開了右邊一樓的書店，然後有了緊鄰的左邊一樓和二樓的咖啡館，名叫「小說」，不久前又有了三樓的連通左右的展覽空間，取了個名字叫「光圈2.8」，四樓，是漢忠自己的家。我突然覺得，這個書店的生長，好像一棵樹。恰恰就在這時，我遇見了來書店送植物卡片的人，她們每個月定期拾撿台南大樹的種子，並把它隨植物月曆一起贈送。這風一樣的人啊。

神農街有著古老的石板路，有咖啡館，有雜貨店，有木工坊，有小小的美術館，那也是一棵平行生長的樹，它安靜。所有的空間，都是老房子的再造，我有些想留在街上了。也有些想，為了時光深處的老屋們，而留守於此，做一個小五又或做一個漢忠。台北的生活美學像雲朵一樣在慢慢升騰，親愛的小謝啊，一個台南的夢我已經無法揮去。

二〇一一年十一月二十六日，我確信時光不會錯亂。這是我從謝宅醒來的一早，也是離別台南的一早。大概是三十年前的音樂在流淌，我在留言本的最後一頁給妳寫著信。我們照例穿越謝宅狹窄的時光通道，離別西市場。從此知道有一個地方，總會悄悄地回去。那是台南，是你們的故鄉，也像是我的故鄉。

函憬　台南

台南慢活

口述　台南　謝小五
文字整理　蘑菇　紓筠

你問我，要怎麼跟大陸的讀者簡短介紹台南？

我想，應該要這麼說：如果想學好一種外語，就要去住在說那個語言的環境裡；如果想學習如何生活，就一定要來台南。

到台南，學會的第一件事，就是「慢」。你來台南，有沒有發現台南人連走路都比較慢呢？從其他大城市來的人，一定要放下原本自己的步調，接上台南的速度，才能體會台南的「曖曖內含光」。

台南是台灣最老的城市，當初人們從中國內地來台灣時，有很多東西最早就是在台南落腳生根的。像是一些吃的、住的、用的，在別的地方已經看不見了，但卻能在台南發現，重現了很多人記憶中的老生活。

台南也是一座底蘊很深的城市。我們現在在做的這些文史工作、老屋維護……等，都不用跟台南人解釋太多，因為老台南人都懂啊！這些老前輩，他們其實一直以來都持續在做這些事，有他們在前面幫我們撐著，就好像整個城市跟我們一起前進一樣。

我知道，有很多朋友在別的城鎮做跟我們一樣的事，但都要用「撐」的，而且撐得很辛苦。因為別的城鎮沒有這樣的文化土壤，台南的文化土壤實在太肥沃了啊……

啊，一講起台南我就開始自由發揮，會不會扯太遠？有啦，這次文青團來台南的三個年輕人，我都還記得很清楚，但因為停留時間不長，他們又是客人，我這個當主人的當然得好好賣力演出，所以也就沒有太多機會可以深入認識大家。

不過，其中有個人讓我印象深刻，就是在廈門經營老屋改造的函憬。跟他聊啊聊，就覺得他和他的夥伴，等於是廈門的我們。我們在兩個不同的城市裡，做著一樣的事。但是，有一點不一樣，那就是——時間。

在台南，從第一棟西市場「謝宅」，到保安路「謝宅」，再到「IORI tea room」，這三個案子，我們花了四年。但函憬在一年內就完成了五個老屋改造的案子，速度超快、效率超高。不過，我和函憬都有同感，那就是速度快的東西，厚度可能就不夠。其實這就很像整個大陸的縮影，要蓋好一個建築物是很快的，例如奧運的場館；但一陣旋風快速吹過之後，是不是有留下一點什麼更深層的東西，才是最重要的。說到這裡，突然想起蛋塔……沒錯，就是之前台灣曾爆發的葡式蛋塔風潮，蛋塔現在有留下什麼給我們嗎？所以，這就是我們所說的，要慢，才能看見底蘊。

我去年去了京都，今年是北京，我想親自走訪這些古都，去看看那邊的人都在做什麼。看了北京的南鑼鼓巷、頤和園……處處都印象深刻，因為光是走在街道上，就跟在其他城市不一樣了。這種感覺，應該就跟他們來到台南很像吧！

不過，北京的一些老房子、老東西，好像都有種不真實的感覺，應該說，是比較沒有「生活感」，就像是只有一個舊的殼子在那裏。但台南的老房子，是真的有人在裡裡外外生活，耆老也在裡面說著以前的故事。就是這些建築與人的生活和故事，讓台南老得很真誠、很可愛。

如果蘑菇下次還有文青團計畫，希望蘑菇帶台灣的年輕朋友過去他們那邊看看。除了帶人家來玩，我們也要真的過去看看，這樣的交流才好啊。

要給想來台南的人一點什麼指引嗎？嗯，那就是，想來台灣或台南的人，要先想清楚自己要看的是什麼，這樣會更有收穫，因為能看的能體驗的東西實在是太多了。喔，對了，不要只待個一兩天，那太可惜了，要多留幾天，而且，請記得，要慢啊！

這些人 這些地方

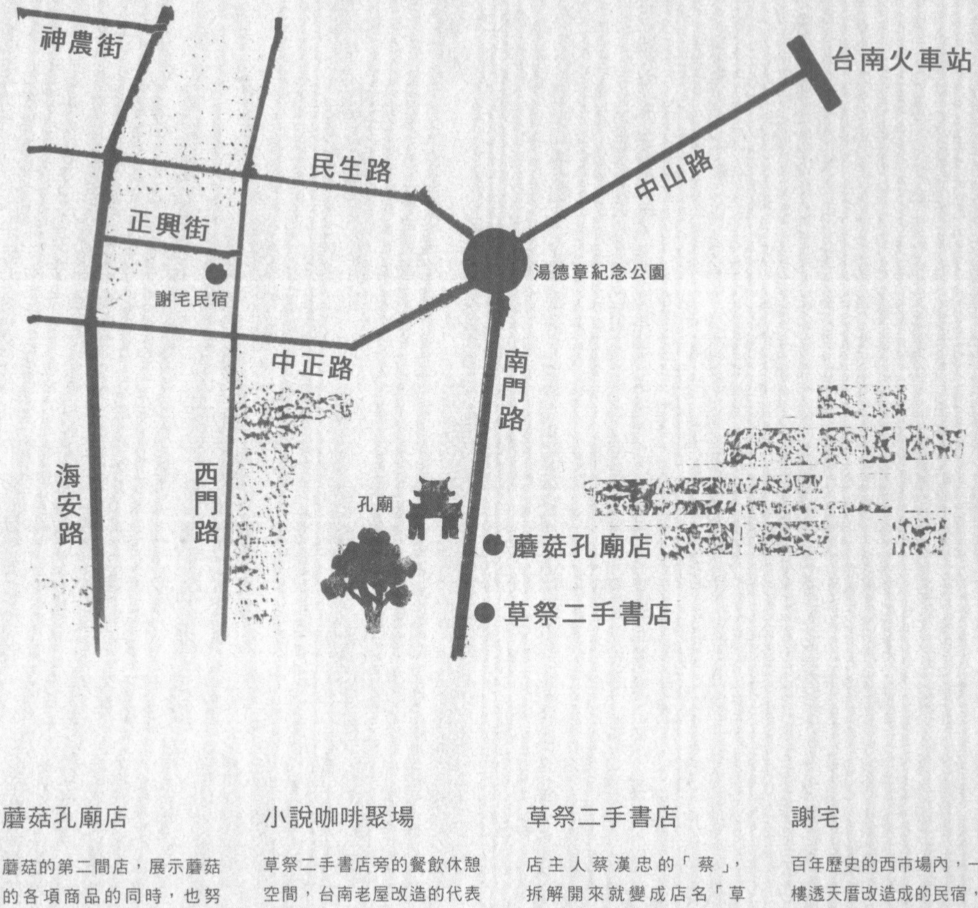

蘑菇孔廟店

蘑菇的第二間店，展示蘑菇的各項商品的同時，也努力呈現老台南屋舍的空間氛圍。三樓展覽空間不定期舉辦各種藝文活動。

台南市南門路57號

06-2214216

小說咖啡聚場

草祭二手書店旁的餐飲休憩空間，台南老屋改造的代表作品。

台南市南門路69號

06-2211655

草祭二手書店

店主人蔡漢忠的「蔡」，拆解開來就變成店名「草祭」。他把閒置的二手舊屋回收利用，拿來做回收二手舊書的生意。這裡不只是一間舊書店，而是會跟人和書對話的空間。

台南市南門路71號

06-2216872

謝宅

百年歷史的西市場內，一棟四樓透天厝改造成的民宿，掀起台南一陣「老屋新用」風潮。主人謝小五改造的兩棟謝宅，是到台南必走訪的風景。

0922-852280

www.wretch.cc/blog/ohworkshop

往台東前進

旅行的意義

晨起，順著高速公路一路南行。大頭彷彿要與愛人久別一般，不囉唆，為每人獻上50嵐大杯珍奶帶上路。我們飛馳在青綠平原上，雲層逐漸退去，中央山脈慢慢靠近，陽光灑落在前方場景，台灣海峽隱隱若現。傳來海的味道，配合陳綺貞的音樂，五個大男生高聲齊唱——《旅行的意義》哈哈，有些痴呆。

脫離慣性，方向盤順手一轉，車子便滑進了枋寮漁港邊，這個恐怕大部分台灣人都不曾停留駐足的地方。拍照，上廁所，他們帶了一大盒生魚片回來！

陽光普照，面對湛藍海洋，坐在連綿卵石灘上；池上便當、生魚片、冰啤酒，唉呀，還有什麼好抱怨呢，這整個島嶼真是不可思議的爽快。

刻意留些時間，我們在台灣本島最原始的海岸邊台東南田停歇；好似天涯海角，這裡是公路的終點，環島濱海公路系統的最後一塊缺口；這是阿塱壹古道的端點，昔日原住民遷移打獵、先民拓荒、清兵行軍的舊道，徒步往南約半天路程可抵另一安靜美麗的溫泉村落——屏東旭海。

我們自然散開沒去理會彼此。函憬拿出錄音機，收集一波波浪濤；路陽帶著相機緩緩走向遠邊；大頭抓緊機會使用iPhone，與他的女友家人友人噓寒問暖，說明最新消息；Evan忘我地拍著照；我們五個人，那天一起在海邊，很久很久。

營火的溫度

聊聊笑笑翻過群山，
終於來到世界的太平洋邊！

椰林地

文　蘑菇　湯姆

旅程的安排，從台北三日，各自再前往幾個城市，最後我們在台東都蘭一間山中小屋集合。

小屋座落在一塊椰子園中，從公路轉往山中產業小徑，穿越果園、小橋、羊圈、樹林，轉好幾個彎才進到這座我們暱稱「椰林食堂」的小木造房子。

椰林食堂是蘑菇頭與友人們共同設置的一棟實驗性居住空間，我們以有限的經濟條件合力買下這片荒遠的廢棄椰林，搭建公共住所，以此作為基地，我們經常利用假期來此過幾天山林生活。

這是一棟寬四米長約十一米的長形木屋，兩層樓，平面是一間大廚房，簡單衛浴、儲物架和洗衣室，樓上是間通鋪。整棟樓外表鋪了木板，單斜屋頂上是片寬大的木頭夾板，白天可以眺往太平洋和不遠處的綠島。夜晚往天上看，由於完全沒有光害，數不盡的星星像被子一樣覆蓋著我們。

我們在此的日子，每天聊天洗衣服，白天出門晃晃，去海邊走走。晚上時候回到食堂，做幾道菜，喝酒，看彼此一路上的照片。

四天的時間，說不清楚發生了多少讓大家一輩子難忘的故事。

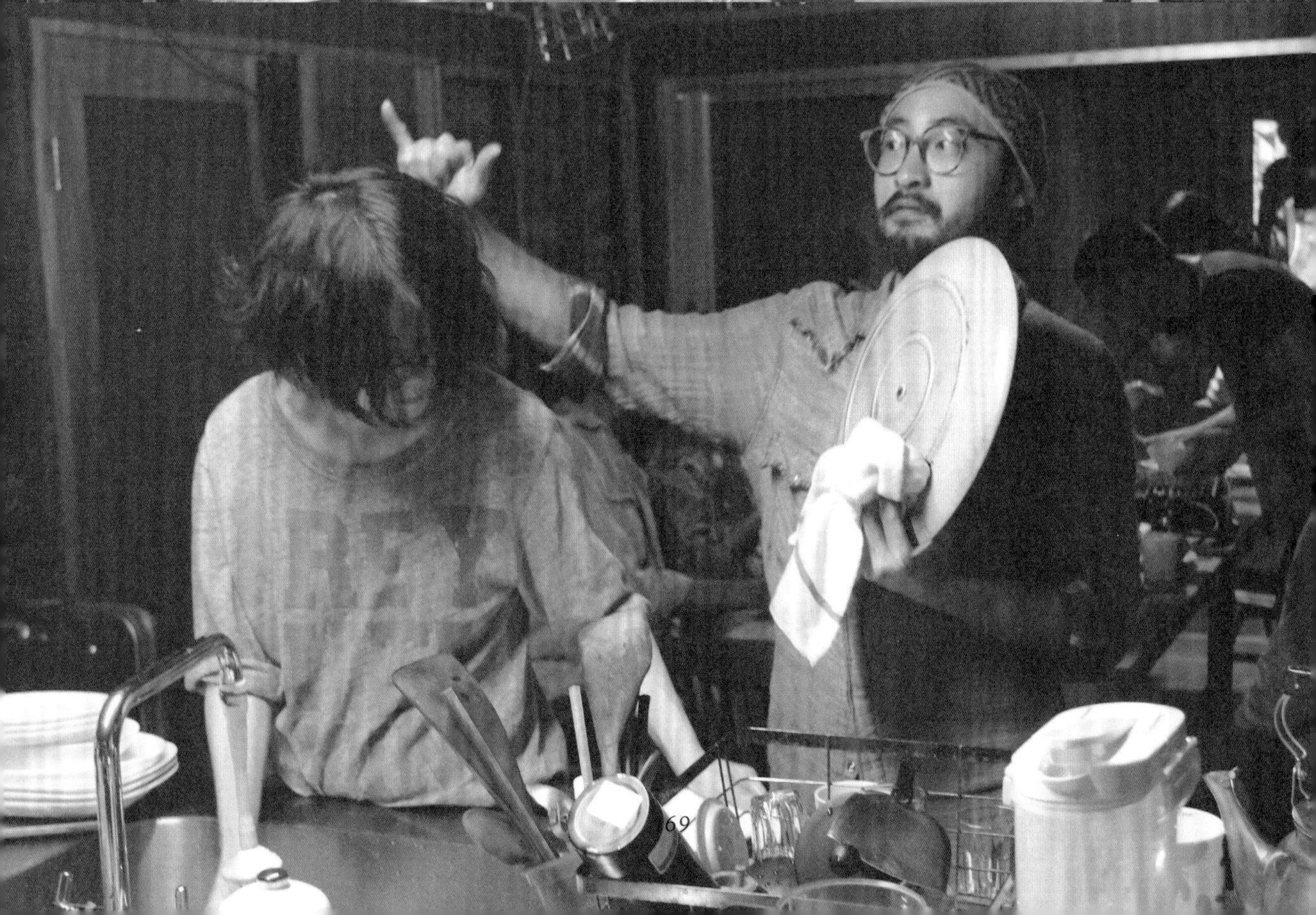

椰林地三日記

文 蘑菇 紓鈞

到達台東的時候，天已經黑了。車子繼續沿著台11線一路往北，大概半個小時後，都蘭到了。轉入旁邊的產業道路，路很窄，兩邊都是黑漆漆的樹林或果園，沒有路燈，只有車頭燈照出來的範圍是亮的，所以很容易錯過該轉彎的岔路。但心裡謹記著「遇到Y字路口左轉，遇到T字路右轉」的指示，最後也安然到達目的地。

樹林裡透出小屋的燈光，啊，已經有人先到了，正坐在屋簷下燒著爐火。

這裡就是椰林食堂，幾天前大家在台北兵分三路分道揚鑣，現在終於在這裡大會師了！

會師的這三日，浪漫得像一首歌，一首不會太短，也不會太長的敘事民謠。當旅程結束後，大家各自回到自己的家，偶爾想起這片椰林時，或許會這樣唱：

他們說山的那頭有座祕密基地
木屋、草原、海風和椰林
每一陣風都很神奇
每一棵樹都有魔力

我們說好要聚集在那裡
各自穿越台南、花蓮和墾丁
在糖廠聽歌喝酒打屁
最後來到椰林　月亮已經升起

那裡的田野種滿釋迦
那裡的路都通往夢想
如果你在路的盡頭發現椰林食堂
請隨意躺下　都能睡得安詳

早餐配著海上的朝陽
午餐聽著富岡漁港的浪
跨上單車游出琵琶湖的森林
剛好撞見燦爛的晚霞

跟著星星回到椰林食堂
男孩拿出花環為女孩戴上
跪下說「下半輩子我們一起守護夢想」
女孩點頭　眼淚和笑同時在臉上盪漾

那裡的田野種滿釋迦
那裡的路都通往夢想
如果你在路的盡頭發現椰林食堂
請大膽往前　抓住幸福的光

第一道陽光叫醒滿園釋迦
但有人比太陽起得更早
穿起跑鞋沿海岸線晨跑
因為在太平洋旁邊慢跑是他的夢想

當他回來　咖啡和東河包子已擺在屋頂上
吃完包子去農業百貨公司逛逛
或是脫光衣服到海邊踏浪
或是什麼都不做　留在屋頂看雲飄往何方

那裡的田野種滿釋迦
那裡的路都通往夢想
如果你在路的盡頭發現椰林食堂
請站上屋頂　看一眼遼闊的海洋

那裡的田野種滿釋迦
那裡的路都通往夢想
如果你在路的盡頭發現椰林食堂
請生起營火　擁抱不會熄滅的光

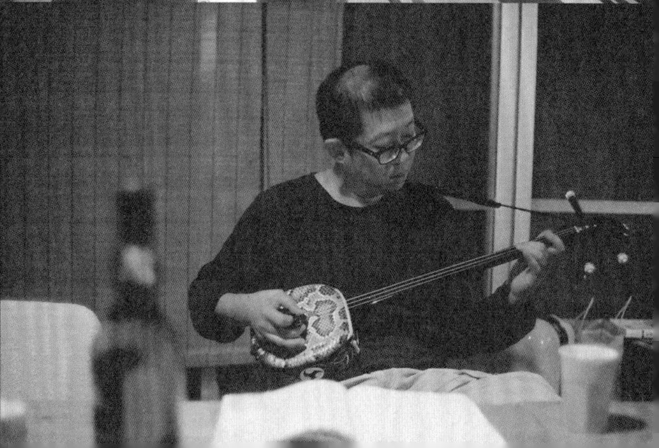

叢林生活小記

文 蘑菇 湯姆

抵達椰林地的當晚，大家還捨不得睡，直到半夜，突然遠處傳來一聲悶響，四周隨即暗了下來，原來是停電了。

沒電也就沒燈光，這還不打緊，水卻是靠幫浦抽進屋裡的，沒了電，水也立刻停了。

「我還沒上廁所！」「去外頭野地裡解決吧！」

「太黑了！我不敢……」「有手電筒嗎？」………

啊啊啊啊啊啊啊啊啊………

「要死啦楊函憬，頭髮放到臉前面要嚇死人啊！」

「我洗頭洗到一半……水停了，怎辦？」

在深山小屋裡，停電可是大事。

鄰居家的早餐

第二天一早，電力公司的人還沒出現，只好去鄰居B先生跟大紅桃的家求救。

B先生是我們的朋友，也是椰林食堂的建築設計師。落腳都蘭，實踐自己對建築與生活的理想，早上做建築模型幫業主設計房子，下午到海邊玩風浪板，偶爾晚上去附近糖廠咖

啡屋彈奏電吉他。這樣一號人物，自宅當然也獨具特色。

大家踏進B先生家中餐廳，一陣驚呼連連，不僅是因為這房子太超越想像，也因為看見枱面上大紅桃已經神奇地準備好一桌風景。

大紅桃也是個非常女子，她的工作和生活大約三分之一在上海、三分之一在台北，另外三分之一，就跟B先生待在都蘭。

她接到求救電話後，以一貫的從容自信，短短地回句：「好！那你們就過來吧！」然後神奇地以迅雷之速變出一桌豐盛早餐：各式麵包、奶油果醬起司、香腸、西班牙火腿切片、水果咖啡等等。菜色豐富，裝盤也很體面講究，餐具排放整齊，讓人不太確定這是不是先有預謀，尤其在這偏遠之處，簡直像是魔法。

我們裝盛好滿滿的食物，在餐廳前露天甲板找個位置坐下，身邊幾條大紅桃跟B先生的狗興奮地在人群間來回穿梭，然後看著遠邊山下的大海，享受台東第一頓幸福早餐。

在台東森林公園騎單車環湖，傍晚觀賞完炫目的彩霞表演，我們驅車前往台東市的「萬富商號」。

萬富商號

萬富商號是大紅桃開設的餐廳，原先是鐵路局舊宿舍，標租下來後改建成一個具設計風格的舒適餐飲空間。餐廳正面對台東的誠品書店，後頭種滿香草植物的院子，緊臨著台東近兩年最熱門的公共空間「鐵花村」。

鐵花村位鐵花路旁得名，鐵花兩個字則是紀念清代台東直隸州最後一任知州胡鐵花先生，胡鐵花又是誰呢？他有個兒子名字叫胡適……

鐵花村由公部門出資修繕，民間承接營運管理，經常舉辦音樂表演，假日時還有台東的創意市集與有機蔬菜攤位。東部是多數原住民的故鄉，因此有很豐沛的音樂人才，這裡提供音樂人相互觀摩交流的機會，同時也吸引了許多觀光客慕名前來。

當晚，我們吃著米麵包（將米粉加入麵團發酵作成帶有米香氣的麵包），搭配有機蔬果作成的沙拉，享用新鮮烘烤的石板豬肉，喝著酸酸甜甜的荔枝啤酒，不遠處傳來陣陣鼓聲，今夜有人在鐵花村草地上表演打鼓，一切美好到不像是真的……

萬富商號 台東市博愛路405號，08-9346502
鐵花村｜音樂聚落 ・ 慢市集 台東市新生路135巷26號，08-9343393

帶著火種走

營火與星空的夜晚

越靠近台東，天氣越發好地厲害，女子組最早到了蘑菇在台東的木屋子「椰林食堂」，以前總在照片中看到的這片椰林地，真實出現在面前時，我們全像孩子般尖叫。

～廈門 Cotton

有一天跟著223的自行車速度做了一回騎手，遇見樂呵呵的趕豬人，穿行在漂亮到連鴨子都不忍打擾的森林公園，直到日落了，我們遇見大片的紅色雲朵。當然還打發了很多時間在海邊，扔石子，敲椰殼，看他們撲浪，又被巨大的浪捲回來，讓腳被溫軟的沙地融化掉。

每一晚總有好酒擺上桌，伴著老湯姆的三弦聲。有一晚大家陸陸續續地喝到睡著了，Dave和大頭爭論著那些形而上的話題，一直到砰的一聲跳了電閘。我想永遠喝不醒的Dave說過的那些糊塗話，應該是漫天的星星也會默默稱是的。再一晚，借著酒力說了一些應該記得一輩子的話，讓我們都把那幸福時刻放在心裡。最後一晚，椰林食堂在咪咪的帶領下發揮功能，貴州風味加上新鮮好羊排都吃到人軟掉，何況還有怎麼喝也喝不完的整桶紅酒呢！只記得最後爬上屋頂看流星，老湯姆語重心長地說，「每一顆星星都是一個地球，一顆星星墜落了，就是一個星球結束了，我們一定要好好生活。」大家默默地聽著，直到他把這番話念到第四遍……這個夜晚真是無比悠長。

～北京 Madi

一路上，大家常常會為從小在課本讀到的寶島台灣，找到許多的注解，美好的小島。在最南端一個小山頭，一個廢棄的舊碉堡上，第一次看到了太平洋，風很大，深呼吸，面朝真正的一望無際，心中好平靜。慢慢靠近太平洋、墾丁、龍磐、風吹沙、台東……直到住進他們的椰林食堂，太平洋邊椰樹林中小木屋，這是四戶人

家努力實現的心中夢想，我們的不真實感，達到高潮。很難能早起的我，堅持在那完成了一份心願：在太平洋邊慢跑。那時刻，心裡好像什麼也沒想，靜靜跑著，聽著大洋邊才有的潮水轟鳴聲，跑到寫著「都蘭」的標誌牌下折返。這麼回憶下，幸福感又充滿全身……

～廈門　董攀

在木屋的日夜裡，我們懶懶地沒有做很多事情，但又感覺經歷了很多事情，直到喝到爛醉，話語都聊到含糊。數不清夜空的流星劃過了多少顆，誰睡在了篝火邊，誰承諾了誰，誰又彈起琴唱起歌。這些記憶，才伴隨著那些自由放蕩的夜晚，伴隨著烤肉啤酒篝火和笑聲，模糊了清晰了，美好了深楚了。

～北京　編號223

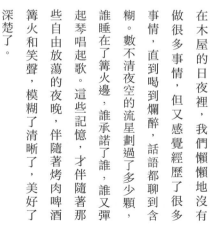

我的台東行總是與狗有關。在環島路最後的一段，是一隻狗帶我們去了海邊；在都蘭糖廠咖啡屋，我看到矮窗內有兩隻狗，把腿搭在窗臺上，窗外還有五隻，牠們都在一起安靜地等待牠們最愛的——鹽酥雞；還有建築師家的狗，牠在一次重傷後被救治，並堅強地活了下來，牠應該是太平洋邊上被愛最多的狗了；還有深夜中還守在7—11便利商店門前的狗，還有還有……在台東，我認真觀察了海浪，它一層層襲來，像大海的音階。在台

東，我們也設計了與晚霞的重逢，我想也許有一顆星球，會定期釋放多餘的霞光。在台東，所有的漁港都如夢如幻，仿佛出海只為打撈詩篇。在台東，我想學幾句簡單的阿美語，「歐～海～洋」，這便足夠我歌唱一切。在台東，我很想寫一首詩名叫《在台東，我願作一條狗》。

～廈門 函憬

這幾日過得太夢幻，現在回想起來，總會把這一天做的事，放到另一天去，而遇到的每一個人、每一件物，都充滿了故事。到達台東那天，很幸運是星期六，趕上「都蘭糖廠咖啡屋」的小演出，我們在男孩甜蜜蜜的歌聲裡喝了點小米酒，望著腳邊的狗兒們跑來跑去，旁若無人地互相追逐。這座被藝術家改成文藝空間的老糖廠，曾經是全台紅糖產量第一的私營糖廠。後來聽見一個說法很美：以前都蘭部落的人在返鄉途中，聞到空氣中甜甜的紅糖味就知道，都蘭到了。

～北京 Madi

到達墾丁，看見太平洋，在風吹沙的懸崖草場上賴著不走，這些都讓人以為最光彩的時刻已經發生。而後，終是到達蘑菇人在都蘭的椰林食堂與眾人會合，那時起，這段旅程最美好的事情，才真的開始發生。椰林食堂並非真的食堂模樣，是幾間設計結構很特別的木屋，藏於密林深處。爬上屋頂，目及之處便是太平洋。白天驅車漫遊台東，在富岡漁港裡閑庭信步，在海邊撒野無度，在「安東塑膠超市」淘雜貨。晚上便是喝著停不了的小酒，升起溫暖的營火，話是都說不完了，就如屋頂上空的星星一般，無遠弗屆。

~北京 編號 223

都蘭糖廠咖啡屋 台東縣東河鄉都蘭村61號，08-9530330

安東塑膠 台東市中華路四段6號，089-341999

義德
明和齒模
ELEVEN
禁止停車
炸雞排
682

雞出售
豆粉
TERJE RYPDAL
DAVID DARLING

Life
of
water
BEER

讓我們生起營火

文 蘑菇 湯姆

從二〇一一年初開始構想這段旅程，編列預算申請補助到審查通過。五月底我們開始寄出邀請信，除了徵求意願外，也得收集大家的資料辦理「專業人士來台文化交流」入台許可證。

原本天真地以為一切都很簡單自然，實際上卻發現對於沒有相關經驗的我們來說，申請大陸人士來台還真不是一件輕鬆的工作！首先必須了解兩岸對於相關文件申請的規定：自由行只限設籍開放四個城市的居民（截至目前二〇一二年二月底為止），商業考察申請則必須限定台灣方面申請公司的資本額（好像是1000萬新台幣……），專案申請如採用的文化交流方式，則對這個活動相對來說比較簡單些。

話雖如此，從選擇名單、發出邀請，收集專業資料（個人履歷、專業證明、作品介紹、媒體相關報導等）其實都還需一再不斷地聯繫與溝通，總算將資料備全了之後，又發現交給旅行業代辦跑文、代訂機票，竟然必須付出不合理的高額代價！也因為現今兩岸旅行管道還不為一般大眾所熟悉，設身其間竟有種亂世滄桑之感……

這些瑣碎事情終於在我們決定親自送件那一刻告一段落，當我們將大批申請文件送進出入境管理局的窗口，服務人員面帶微笑親切地告訴我們後續相關流程細節，我們才發現其實申請工作並不如預期中複雜。

啦哩啦雜寫了一堆，想起這段時間的相關經驗，有兩個深刻的感想：

第一，這些經驗，必然很快地會隨時空轉換成為歷史；如同幾年前的香港澳門濟州島轉機經驗、十幾年前我們還取道香港啟德機場、二十五年前台灣開放大陸返鄉、小時候甚至連中國大陸的一張清晰彩色照片都不曾見過……

第二，嗯，蘑菇想要賺錢的話……專辦台灣旅遊大陸團應該是個好生意！

牢騷發完了，接下來說點心裡的話。

從幾年前開始認識對岸這些有趣的朋友，其實大家免不了用一種「我們跟你們不一樣，我們比較好」這種態度去比較，不管是兩岸的政治、社會環境、風土民情、文化語彙都讓我們彼此相互抱持一種「你，我」的明顯壁壘，常常在言談中將兩岸的差異誇張放大，例如：

大陸的人講話比較誇張。

大陸人比較沒有公德心。

大陸人普遍比較冷漠。

……

可是隨著接觸機會日漸增多，慢慢地這種心理逐漸改變，我們的描述都是真的嗎？我們認識的這一批人都如我們所形容嗎？我們真的有那麼不一樣嗎？我們真的「比較好」嗎？

你可以說某些主觀形式上確是如此，但這並不是一個健康的態度。我們與對岸朋友通信時，他們經常和善又謙虛。在對岸的雜誌與媒體網路上，我們看見大家對公共事務的關心與反省，是那麼渴望又無奈。真正冷漠的不是大陸人或台灣人，而是原本就不習慣與別人分享的人。真正造成觀念與環境差異的，主要是由於我們自己怎麼去看待對方。

一旦真正接觸與交流，很快地我們會發現一個極為明顯的事實：「我們其實都一樣，對方也很好」。在台灣生活的我們，到了大陸的咖啡廳，自然大方地抽著煙，完全不在乎自己可能影響鄰座。大陸朋友來到台灣，一路細心搜索路邊垃圾桶不得，硬是將零碎垃圾帶回旅館房間，還將這一觀察寫在筆記上。要成就更完美的生命，必須從個體的信念開始去相信，並且投注愛意。

某些事情，一旦在我們心中發了根，出自內心開始想要這麼去相信去實行，它就會開始成為生活的一部分，就像打掃房間、健身跑步一樣。

追求更美好的生活，是世界上絕大多數人都想要的吧？

要讓生活變得更好，只有自己改變是不夠的，在雜亂環境污水河道邊的高貴豪宅根本就是個笑話，我們得設法讓周遭的人也過得更好，唯有這種方式，才能比較長期平衡地維持美好生活。

這一趟旅行中，我們不斷地看到每個人是這樣在乎追求自己的理想，他們為了這個夢，如何放棄現實中簡單得多的選擇，在四周渾沌中摸索尋找屬於自己的工作環境與生活方式。當我們認識到這些人，聽著他們的故事，走進這家小店，看到他們用這種態度觀念試圖去開創一種前所未有的營業形態。我們感受到其中有股生命的火花。

火光中透露了一個新的世界，新世界中每個人都有追求自我實現的機會與勇氣，也鼓勵更多的人開始編寫自己的生命故事。

我們相信，這股火花將會相互聚集，持續發光發熱，照亮四周。那是屬於我們這一代能夠做也應該要去作的事情。

讓我們生起這團營火。

旅程的心底話

回到自己的書桌前，靜靜坐著，想想這幾天，心裡不願平靜。不知道從哪裡開始才好，那十天時間，讓我認識了一個全新的台灣，其實這麼說也不準確，原本就沒有具體的認識，或者從很有限的書上，或者從個別在廈門混世界的台商身上了解。終於有那麼一個機會，幾個好友一起獲邀，蘑菇帶著我們環繞這個在海峽對面的島嶼，這個地理位置不遠但心離得遠遠的小島，匆匆感受、卻無比豐富不真實的旅程，在路上，在太平洋邊，在小木屋裡，願那一切可以常回我的夢中。

～廈門　董攀

啟程之前答了蘑菇問卷，認真想了想最想去什麼地方，最想見什麼人，卻怎麼也答不出來。並不是對台灣一無所知，數年前初接觸獨立文化和文藝風貌，當然看過侯孝賢、楊德昌，讀過夏宇、朱天文，而說到音樂，從「滾石唱片」到「風和日麗」也都熱烈地聽過，對民歌運動的幻想，彷彿華語世界裡的七〇年代。然而僅僅幾年，那些由「the wall」、「女巫店」、墾丁春吶、獨立雜誌和「誠品書店」所組成的台北獨立文化已經被自己經歷的那些代替了。「文藝」這個詞分崩離析地變了味道，「文藝青年」代表的不是沙龍氛圍和文化品味，而是裝腔作勢和苦逼的生活，沒有人樂意接受「文藝青年」標籤，即使時髦青年說起來更順應時代一些，我們早就不期待文藝能帶給生活什麼風花雪月了。所以在我終於要去台灣的時候，我以為這會是任何一趟陌生的旅程，現實中的台灣，當然不會是那個文藝的台灣。

～北京　Madi

看著11號公路邊雲裡的中央山脈，從台北來到台東時每一段有故事的畫面一直在我的腦海中閃現，宜蘭小雨中的便當、初見太平洋的石頭灘、花蓮大碉堡「住海邊」民宿四隻狗帶我散步、「大王菜舖子」家門前的篝火和好吃的有機柿子……就這樣恍惚著又回去台北，以至於我迷糊得在蘇花公路邊落下相機袋子，裡面全是這幾日拍的底片。發現自己丟了袋子並返回尋找的近半小時路程裡，阿或一直安慰心驚膽戰的我說：「一定不會丟的，因為這裡是台灣！」結果，台灣真沒有讓人失望。

旅行結束了，我的魔幻島後遺症不斷…

～廈門 Cotton

這是我第一次在一場旅行結束時，離開一個地方，離開旅行中相伴的人時，在機場痛哭流涕。對於遲到的我來說，這場台灣之行只有短短九天，但在分別的那一刻卻像離開了一片故土，一群相識多年的老友。

在椰林食堂的最後一晚，嘉行說了很多話，關於愛情關於婚姻關於生命，很多話都讓我心裡咯噔一下，有所觸動。當我們躺在屋頂，面對整片星空，聽到嘉行第四遍說：「每個流星的滑落都是一條生命的消失，請珍惜眼前的一切」，那時我才知道嘉行醉了。

我很傷感，因為明天就要離去。而旅途中相伴的人不知何時才能再聚。縱酒當歌，人生幾何，這樣的夜晚，像一個有點不真實的電影畫面，在離開台灣以後還無數次在腦海裡重播。

常規的中年人像一把磨鈍了刀，你們讓我看到另一個版本「磨刀霍霍的中年」。尚存理想，保有激情，再過幾年我也希望如你們一樣做個有趣的、永遠熱愛生活的中老年婦女。

這篇文章寫了很久，總是不滿意，覺得自己語無倫次無法表達很多感受，每天打開信箱分享關於這次旅行的郵件，成為每天必須要做的一件事。一場美妙的旅行不僅僅是見到很棒的沿途風光，還在於見到了很多有趣的人，這些人不管在做著或大或小的事，都很用心地做到極致。「好樣公寓」的Grace，B先生，「住海邊」的大小碉堡和他們的狗狗，「三十九號招待所」毛主席……動人瞬間如此之多，以至於我不知道該如何取捨將之一一寫出來。謝謝你們在二〇一一年的年末，給我一段不同尋常的旅行和永難磨滅的記憶，只願在世界末日來臨之前再聚一次。

～福州 阿或

2011/12/14 mogutom
哈囉大家! 從機場送別（好啦我還記得有幾位女同志紅了眼眶……老實說我們幾位雄性喉嚨也有些梗）到今天已經十四天囉!
接下來，我要正式變臉，以不完全變態SM催搞男優身份現身了!哇哈哈哈哈哈哈哈…揮動小皮鞭！勒緊電郵與微博兩條項圈！月底前，快給我稿子!當初各位分配的部份都白紙黑字寫的啊，我全都收著……五十張高清照片!一千兩百字一!個都不能少！蘑菇要大紅各位也得通通大紫，咱萬紫千紅一同將這把火燒個轟轟烈烈請上傳到我們公司的FTP上，裡面有給各位準備好牢房，一人一間，坦白交代，蘑菇不會虧待各位們的，知道不?
魔菇　獰猥肹

Madi Ju 於 2011/12/29 下午5:54 寫道:
蘑菇工作组，作业已经放进牢房了。图片因为实在太多（目前给的超出50，自己喜欢的其实比现在传的还多一倍……），所以请先挑选编辑，最后需要大图的我会花两天时间扫描和整理。希望不会造成麻烦！希望你们喜欢！

Mogutom 於 2011年12月28日下午6:34 寫道:
大會報告！大會報告！董攀同學已經將作業上傳完畢，現正下載中……其它的同學們請準備，以免三十一號深夜伺服器屆時高燒融毀，造成百姓生靈塗炭兼不講衛生。一個下午的幸福連鎖信真是叫人心醉，還請有關人士持續加熱搧風點火。最後交作業的，下回碰面時就歸他付帳了！大家以為如何?
張嘉行

我和dave一晚上都在工作室写着作业，饭都还没吃……
cotton

收到路陽同學私拍223清涼照片一張。嘿……臀部挺翹挺的哩
呵呵…路陽同學真是知人知面不知心裡頭藏些什麼毒蛇猛獸啊
蘑菇 張嘉行

其实,,我也是偷窥达人~请看这张。（我怎么感觉我在拍这张照片的时候好像母爱爆棚的样子……呃。。。）
223

非要这样么……Dave有没有很想出逃的感觉……
Madi
酒鬼像！我还有好多223！先让我睡一下……
Madi
既然收到了马蒂拍的我，礼尚往来回赠2张。老汤姆竟然没睡！！！来来来，既然醒着，来喝一杯。
223
话说我是真有Dave的入浴照全面背部胴体……未经当事人许可不敢刺激大家……我就先藏着吧……
223
想起来了，我在现场，
pan

davest 於 2011/12/28 下午5:53 寫道:
SAY YEAH!!!!　YEAH!!!!!!　YEAH!!!!!!Y E`` AH!! Everybody!
哈哈哈哈～一直相连着太疯了！wow，一直在看着大家在聊天哈哈哈哈，加点点音乐吧："i c u"

在 2012-01-02 18:03:54，" 写道:
阿或：檔案收下來了，文章寫的好……感覺看到妳又哭了。謝謝稿子，我們下回見
嘉行
ahuo 於 2012/1/2 下午11:46 寫道:
是啊边写边哭，发现台湾回来后哭点变很低，新年第一天开始发烧，今天连续点滴真是元气大伤！新年快乐啊，
明天我寄给你们的大包裹也要从福州出发啦，希望春节前能赶上。

Kuang 於 2012年1月2日 下午3:07 寫道:
沒錯，今天是2012年啦宏光已坐在蘑菇辦公啦，哈厂丫 新年好！祝大家神清氣爽！ ＣＣＣ組的枋寮便當生魚片男
巴士海峽耀眼陽光下，對著台南牛肉湯擔仔面時，記得你說的勿忘交作業呀，莫被ＡＢ組給迷惑瓦解了 我話較少
但依然愛你們　啵　宏光

photo lndex

文字　于靜　小肆　朱薇　阿德　路陽　董攀
李憲嘉　姜芬凝　張嘉行　楊宏光　楊函憬
編號223　謝妙芬　曾弘煒　羅紓筠
司徒智威　歐陽應霽
攝影　于靜　朱薇　路陽　董攀　李建廷　李美瑜
李憲嘉　林宥任　姜芬凝　張嘉行　楊函憬
編號223　羅域杰
製作統籌　寶大協力設計有限公司
總主筆　張嘉行
企劃　陳琪惠
書籍設計　李美瑜　賴美如
插畫　張嘉行
執行主編　何曼瑄
執行編輯　陳琪惠　羅紓筠
執行企劃　何彩鈴　鄭偉銘
發行人　總編輯　黃俊隆

Beautiful Day 25
在島嶼的角落生起營火
出版者　自轉星球文化創意事業有限公司
住址　台北市大安區臥龍街43巷11號3樓
電子信箱　rstarbook@gmail.com
電話　傳真　02-8732-1629／02-2735-9768
發行統籌　華品文創出版股份有限公司　02-2331-7103
總經銷　大和書報圖書股份有限公司　02-8990-2588
印刷　前進彩藝有限公司　02-2225-0085

2012年10月8日初版

自轉星球

Published by Revolution-Star Publishing and Creation Co., Ltd.

國家圖書館出版品預行編目資料

在島嶼的角落生起營火
蘑菇設計有限公司 – 初版 – 臺北市：自轉星球文化
2012.10，208面；19×24.5公分
（Beautiful Day：25）
ISBN 978-986-86839-9-0

1. 臺灣遊記

733.69　　101017570